公路混凝土桥梁桥墩倾斜检测
要点、成因分析及加固处置

李亚雷 著

中国建设科技出版社有限责任公司
China Construction Science and Technology Press Co., Ltd.

北 京

图书在版编目（CIP）数据

公路混凝土桥梁桥墩倾斜检测要点、成因分析及加固处置 / 李亚雷著. -- 北京：中国建设科技出版社有限责任公司，2024.11. -- ISBN 978-7-5160-4325-7

Ⅰ. U448.143.22

中国国家版本馆 CIP 数据核字第 20247H6B21 号

内 容 简 介

本书主要介绍了我国公路混凝土桥梁的建设历史、桥梁常见病害的类型及造成病害的一系列可能的原因，总结了下部结构病害的常见加固方法，并重点对影响桥梁结构安全的桥墩倾斜问题，结合 5 个典型案例，系统剖析了该类病害的检测要点、病害原因、加固措施及加固效果，对桥墩倾斜处置提供了有益的借鉴。

本书可供从事桥梁建设管理、结构设计、施工控制、工程检测、加固设计、运营维护领域的技术人员使用，大专院校桥梁工程专业的师生也可参考使用。

公路混凝土桥梁桥墩倾斜检测要点、成因分析及加固处置
GONGLU HUNNINGTU QIAOLIANG QIAODUN QINGXIE JIANCE YAODIAN,
CHENGYIN FENXI JI JIAGU CHUZHI
李亚雷　著

| 出版发行：中国建设科技出版社有限责任公司 |
| 地　　址：北京市西城区白纸坊东街 2 号院 6 号楼 |
| 邮　　编：100054 |
| 经　　销：全国各地新华书店 |
| 印　　刷：北京雁林吉兆印刷有限公司 |
| 开　　本：787mm×1092mm　1/16 |
| 印　　张：11.5 |
| 字　　数：260 千字 |
| 版　　次：2024 年 11 月第 1 版 |
| 印　　次：2024 年 11 月第 1 次 |
| 定　　价：**68.00 元** |

本社网址：www.jccbs.com，微信公众号：zgskjcbs
请选用正版图书，采购、销售盗版图书属违法行为
版权专有，盗版必究。本社法律顾问：北京天驰君泰律师事务所，张杰律师
举报信箱：zhangjie@tiantailaw.com　　举报电话：(010) 63567684

本书如有印装质量问题，由我社事业发展中心负责调换，联系电话：(010) 63567692

前言

随着我国公路事业的高速发展，公路桥梁的数量与日俱增。据统计，截止到 2023 年底，全国的公路桥梁已经达到 100 余万座。由于我国地形、地质复杂，汽车荷载多样，桥梁所处自然环境千变万化，各种因素交织，导致我国桥梁的病害形式呈现种类多、共性强、地域特点鲜明等特点，其中部分墩高较高的桥墩由于地震、堆土、取土、纵横坡、施工放样偏差、支座不水平安装、桥下振动施工、车船落石撞击、滑坡等因素的影响，出现了倾斜、开裂等病害，严重的甚至出现落梁的风险。对桥墩倾斜的处理，一般的检测单位往往注重结构表观的病害，出具的处置建议也往往缺乏针对性和有效性，更有甚者，部分加固设计单位由于对病害原因分析错误，加固设计经验匮乏，"误诊"的情形时有发生，从而引起加固效果不良、后期重复加固的问题，在造成"管养"单位巨大经济损失的同时，也产生了不良的社会影响。对于桥墩倾斜的问题，应厘清病害的表现形式、产生原因及发展路径，充分与地质工程师沟通，通过仿真模型、反复模拟，尽最大努力使结构的荷载、变形、病害特征能够相互印证、相互支撑，最大限度还原桥梁结构的"现状"，从而为加固措施提供基础支撑，通过多方案比选，最终选择安全、经济、耐久的施工方案，保证加固效果，也为后期的安全运营提供坚实的保障。

本书涉及的病害案例均来自作者主持或参与的桥墩倾斜检测、加固、咨询项目，项目分布于甘肃、青海、云南、浙江、河南、山东、重庆等地的高速公路或其他等级公路。本书得到了中交第一公路勘察设计研究院、中交瑞通路桥养护科技有限公司的资助和教授级高工王技及各位同人的大力协助和指导，在此，对提供案例、基础数据的单位和个人一并表示感谢。

希望本书的出版能够为公路高墩桥梁的建设、设计、施工、检测、运营、"管养"人员提供高墩倾斜病害分析的思路，为高墩桥梁的"管养"提供一些经验教训。鉴于桥墩倾斜病害的原因有很多，桥梁"初始检查"的数据不完善，荷载和环境作用的时间不确定，加之作者的水平和阅历很有限，书中不当之处在所难免，敬请同行不吝赐教（李亚雷邮箱：394415119@qq.com）。

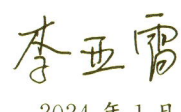

2024 年 1 月

目录

1 绪论 ··· 1
   1.1 桥梁工程发展状况 ··· 1
   1.2 公路桥梁检测及加固维修 ··· 3

2 公路混凝土桥梁病害分类及成因 ··· 7
   2.1 公路桥梁病害 ·· 7
   2.2 公路桥梁的病害成因 ·· 11

3 桥梁下部结构常规加固维修方法 ·· 14
   3.1 公路桥梁维修加固原则 ·· 14
   3.2 公路桥梁下部结构维修加固方法 ··· 15

4 地震导致的桥墩倾斜案例 ··· 24
   4.1 工程概况 ·· 24
   4.2 检测要点 ·· 24
   4.3 病害原因分析 ·· 55
   4.4 桥梁加固主要内容 ·· 57
   4.5 加固效果分析 ·· 59
   4.6 本章小结 ·· 60

5 堆载导致的桥墩倾斜案例 ··· 61
   5.1 工程概况 ·· 61
   5.2 检测要点 ·· 62
   5.3 病害原因分析 ·· 82
   5.4 桥梁加固修复主要内容 ·· 84
   5.5 加固效果分析 ·· 86
   5.6 本章小结 ·· 86

6 大纵坡导致的桥墩倾斜案例 ··· 88
   6.1 工程概况 ·· 88
   6.2 检测要点 ·· 91
   6.3 桥墩偏位及支座滑移原因分析及结构验算 ·· 100
   6.4 桥梁加固修复主要内容 ·· 103
   6.5 本章小结 ·· 105

7 桥下基坑开挖、桩基施工等综合因素导致的桥墩倾斜案例 …………………… 106
　7.1 工程概况 ………………………………………………………………… 106
　7.2 检测要点 ………………………………………………………………… 106
　7.3 桥墩偏位原因分析及结构验算 ………………………………………… 128
　7.4 桥梁加固修复主要内容 ………………………………………………… 137
　7.5 本章小结 ………………………………………………………………… 138
8 斜桥爬移、堆土、地震等综合因素导致的桥墩倾斜案例 …………………… 139
　8.1 工程概况 ………………………………………………………………… 139
　8.2 检测要点 ………………………………………………………………… 140
　8.3 病害原因分析 …………………………………………………………… 166
　8.4 桥梁加固主要内容 ……………………………………………………… 174
　8.5 加固效果分析 …………………………………………………………… 175
　8.6 本章小结 ………………………………………………………………… 176

1 绪 论

1.1 桥梁工程发展状况

1.1.1 桥梁的功能

桥梁，一般指架设在江河湖海上，使车辆行人等能顺利通行的建筑物。为适应现代高速发展的交通行业的需要，桥梁亦引申为跨越山涧、不良地质或满足其他交通需要而架设的使通行更加便捷的建筑物。桥梁一般由上部结构、下部结构、支座和附属结构物组成。其中，上部结构又称桥跨结构，是跨越障碍的主要结构；下部结构则包括桥台、桥墩和基础；支座为设置在上部结构和下部结构的传力装置；附属结构则指桥头搭板、锥形护坡、护岸、导流设施等。

桥梁的分类标准多种多样，一般按照受力特点划分，桥梁可分为：梁式桥、拱式桥、刚架桥、悬索桥、组合体系桥（斜拉桥）五种基本类型；按建桥的材料类型则分为：木桥、圬工桥、钢筋混凝土桥、预应力桥、钢桥。

公路桥梁在公路交通系统中发挥着重要的作用，且具有独特的优势。平原区的桥梁可以减少用地，构成立体交叉、解决平交路口的拥堵问题；山区公路桥梁则可以克服地形或高程障碍、改善线形、缩短公路里程、提高车速、节约燃料、节约时间，减少对植被的破坏，保护生态环境。不仅如此，纵观世界各国的优秀桥梁建筑，常常被作为一个地区甚至一个国家的地标建筑，成为时代的象征和游览胜地。我国古代修建的赵州桥（图1-1），其构思新颖独特，造型简洁美观；于坚固雄伟中又透着柔美秀丽；又如北京的卢沟桥（图1-2），不仅布局合理，雄伟壮观，栏杆上雕刻的石狮子形态各异，堪称一绝。

图1-1 赵州桥全貌

图1-2 卢沟桥全貌

1.1.2 我国桥梁的发展简史

我国很早就有了独木桥和数根圆木拼成的木梁桥，在 1972 年山东临淄的考古发掘中，首次发现了春秋时期的梁桥遗址和桥台遗址。

秦汉时期，单跨和多跨的木桥、石梁桥已经在黄河流域及其他地区普遍建造，典型的代表是坐落于咸阳故城附近的渭水三桥，采用了多跨木梁木柱结构。后期，人们还发明了人造建造材料的砖，而且创造了以砖石材料为主的拱圈结构，从一些文献和考古资料来看，约在东汉后期，梁桥、浮桥、索桥、拱桥这四大基本桥型已经全部形成。

此后，我国古代桥梁迎来了辉煌发展的阶段，主要以唐宋为主。比如，隋朝初年李春创建的赵州桥；唐朝时期也出现了不少著名的石梁桥，如河南洛阳的天津桥、河北保定的永济桥、西安的灞桥等。到元明清时期，人们建造了一些耗资巨大的桥梁工程，如江西南城的万年桥、贵州的盘江桥等。

近代，我国的桥梁发展处于停滞阶段，这一时期的中国桥梁主要由外国人建造。如黄河上的三座桥梁（包括津浦铁路济南铁路桥、京汉铁路郑州铁路桥和兰州黄河桥）以及上海、天津、广州等一些大城市的桥梁均由外国人建造。

中华人民共和国成立后，面对美国的经济封锁和制裁，向苏联学习是我们的唯一选择。在苏联的帮助下，铁道部筹建了山海关、丰台、宝鸡和株洲桥梁厂，交通部组建了交通运输部公路规划设计院、交通部第一公路勘察设计研究院和交通部第二公路勘察设计研究院，同时也组建了从事施工的交通部第一公路工程局和交通部第二公路工程局。各省的交通厅也都建立起公路桥梁的设计和施工队伍。在此阶段，涌现出了一批在国内具有首创意义的桥梁工程，如 1952 年建设的武汉长江大桥、1956 年建设的东陇海线新沂河铁路桥、1964 年建成的南宁邕江大桥、20 世纪 60 年代建成的河南五陵卫河桥、主跨 124m 的广西柳州桥以及主跨 144m 的福州乌龙江桥。20 世纪 60 年代，在江南水乡无锡，还出现了一种易于拼装建造、适用于轻载交通的双曲拱桥，为当时的农村交通事业的发展作出了重要贡献。

20 世纪 70～80 年代，我国进入改革开放时期，经济也开始复苏，许多新桥型的实验建设徐徐展开。四川云阳汤溪河桥于 1975 年 2 月建成，是主跨 75.84m 的斜拉桥。由于当时国内尚无平行钢丝拉索的产品，该桥采用钢芯缆索制成斜拉索，同期建成的上海新五桥，则用粗钢筋为拉索。同时，斜拉索的防护体系也经历了一系列的变化，人们从中总结了一些经验也吸取了一些教训。1980 年建成的四川三台涪江桥，斜拉索采用了高强钢丝，外涂沥青后缠绕玻璃丝布，最后，待全桥完成后，再用三层环氧树脂缠绕三层玻璃丝布，工艺非常复杂。1982 年建成的山东济南黄河桥斜拉索采用铅皮套管压注水泥浆的新防腐工艺，却在 15 年后证实防腐已经失效，于 1997 年进行全桥换索。1987 年广州海印桥采用的 PE 管压浆工艺对斜拉索进行防腐，在运营 12 年后出现了拉索锈断的事故，调查表明，管道压浆工艺未能保证拉索顶部的饱满，导致了拉索的锈断。

20 世纪 80 年代，拱桥出现了两种新型结构，钢管混凝土拱桥及下承式系杆拱桥，反映了国际桥梁界的新潮流。

进入 20 世纪 90 年代，我国已经开始向世界桥梁强国行列迈进。1991 年开工的上海杨浦大桥，主跨 602m 的结合梁斜拉桥在建成时位居同类型桥梁跨度世界前列，其是中国大跨度桥梁的一个里程碑。1995 年建成的汕头海湾大桥，主跨 452m，不仅位居同类型桥梁跨度世界前列，还为随后建设的广东虎门大桥、西陵长江大桥和江阴长江大桥起了示范作用，意义十分重大。拱桥方面，我国的桥梁跨度也在飞速增长中，继主跨 312m 的广西邕江桥和主跨 330m 的贵州江界河桥以后，主跨 420m 的万县长江大桥的建成，使我国的拱桥跨度纪录跃居世界前列。钢桥方面，九江长江大桥的建成是继武汉长江大桥和南京长江大桥后我国钢桥的第三个里程碑，该桥的建成，完成了钢桥连接方式的跨越，同时，多种深水基础的成功应用，也为我国大江大河的桥梁建设积累了经验。

进入 21 世纪，我国已经成功迈进桥梁强国的行列。目前世界上斜拉桥跨度最大的十座桥梁中，我国的苏通长江公路大桥以主跨 1088m 位居世界前列，同时香港昂船洲大桥、鄂东长江大桥、荆岳长江公路大桥、上海闵浦大桥、南京第二长江大桥、南京第二长江大桥也位居世界前列。世界悬索桥中我国的浙江舟山西堠门大桥、润扬长江公路大桥、香港青马大桥、江阴长江大桥、武汉阳逻长江公路大桥占据重要位置。世界拱桥中我国的朝天门长江大桥以主跨 552m 位居世界前列。石板坡长江大桥以 330m 主跨位居世界梁桥跨径前列。这些数据充分说明了我国的桥梁强国的地位。目前正在建设的主跨 2300m 张靖皋长江大桥，标志着我国的桥梁事业又在向新的目标前进。当跨径超过 2000m 之后，首先遇到的就是没有相应的规范标准的问题。我国的桥梁工程师根据张靖皋长江大桥复杂的建设条件和功能要求，针对南航道桥主跨 2300m 悬索桥超大跨度带来的重大技术挑战和软弱地基的具体情况，以问题为导向，因地制宜，为解决工程技术问题大胆创新，通过专题试验研究精心求证，形成了目前全新的结构体系和工程施工方案，这将为世界桥梁再发展贡献一个新的案例。

1.2 公路桥梁检测及加固维修

1.2.1 我国公路桥梁病害现状及认识

改革开放以来，尤其是 20 世纪 90 年代以来，我国公路桥梁迎来大建设、大发展时期，大桥、特大桥快速增加。经过 30 多年的大规模基础设施建设，当前步入维修期的桥梁数量日益增多，直接影响我国公路网的安全运行。尽管我们加大了改造力度，降低了国省干线的危桥数量，但农村公路上的危桥数量仍居高不下，未能从根本上控制和解决这一问题。随着社会经济的发展，交通运输量大幅增长，行车密度及车辆载重越来越大，如何保障桥梁的安全性、耐久性和使用功能已成为目前桥梁工程界的巨大挑战。

我国幅员辽阔、地域自然条件差异较大，工程地质、水文地质复杂多变，桥梁病害也出现了一定的地域性特点，如东北地区、西北地区的混凝土冻融破坏，沿海地区的钢筋钢板受氯离子影响导致的锈蚀病害等。

部分桥梁受到设计、施工、养护等因素的影响，许多桥梁在通车初期就出现了各种各样的病害，而病害的发展常未得到有效的处置，部分桥梁转化为危桥，严重影响行车安全。2023 年，全球桥梁在运营期间出现垮塌、险情、停运、震害，施工期间出现垮塌和施工设备设施事故的共有 542 座，造成 76 人死亡，159 人受伤。我国经过几十年公路大发展，步入维修期的桥梁数量日益增多。据不完全统计，目前我国公路路网中在役桥梁约 40%服役超过 20 年，技术等级为三四类的带病桥梁达 30%，超过 10 万座桥梁为危桥，2009 年至 2013 年，四五类桥梁总数分别为 97759 座、95742 座、93525 座、91798 座、90301 座，四五类桥梁比例分别为 16.44%、15.39%、14.21%、13.31%、12.66%。截至 2015 年底，在我国公路网中，各类危桥数量达 7.96 万座，约占桥梁总数的 9.8%。面对严峻的形势，"十三五"期间，全国共投入改造资金 697 亿元，改造危桥 3.4 万座。在公路桥梁数量增加了 13.36 万座、交通负荷持续增长、自然灾害不断增多的情况下，危桥比例由 9.8%下降至 3.4%。为进一步加大危桥改造力度；2020 年，交通运输部下发了《交通运输部关于进一步提升公路桥梁安全耐久水平的意见》（交公路发〔2020〕127 号）文件，文件要求，"十四五"期间全国集中开展公路危旧桥梁改造行动。本次危桥改造行动的目标是到 2023 年底，基本完成国省干线公路 2020 年底存量四、五类桥梁改造；到 2025 年底，基本完成农村公路 2020 年底存量四、五类桥梁改造。国省干线公路新发现四、五类桥梁处置率 100%，对高速公路和普通国省干线公路部分老旧桥梁实施改造，实现全国高速公路一、二类桥梁比例达 95%以上，普通国省干线公路一、二类桥梁比例达 90%以上。我国的公路桥梁养护理念已经从"重建轻养"到"建养并重"阶段，后期向"以养促建"发展。

1.2.2　公路桥梁检测及加固的特点

2022 年末，全国公路桥梁 103.32 万座、8576.49 万延米，比上年末分别增加 7.20 万座、1196.27 万延米，其中，特大桥 8816 座、1621.44 万延米，大桥 15.96 万座、4431.93 万延米。数量庞大的桥梁是我们全社会的一笔巨大财富，管好、用好这些桥梁也是管养单位的重大责任。随着公路桥梁运营年限的增长，桥梁病害也逐渐增多，在合适的时间进行加固维修，可以有效减缓桥梁使用性能的劣化速度，保证桥梁具有良好的使用功能，不断延长桥梁的使用寿命，从而带来很高的社会效益和经济效益。

从维修加固的角度看，作为结构物的桥梁，其对道路安全的影响巨大，维修加固的有效性、针对性要求比路基路面等专业更为严格，主要表现在以下几个方面：

（1）桥梁加固技术要求高

桥梁加固设计相比桥梁新建设计要求更高。打个比方，新建设计就像在一张白纸上作画，而加固设计就是在一张画上作画，并且要求整体协调，无违和感，难度可想而知。一个合格的桥梁加固工程设计人员，不仅需要良好的桥梁理论水平和力学知识，具备新建设计的深厚功底，同时还要熟悉桥梁施工的工序和操作工艺，这对设计人员的综合素质要求较高。在确定加固方案时，采用的方案要同时考虑到结构的现状和加固后的效果，对设计人员正确分析旧桥的初始状态提出了很高的要求。

（2）桥梁加固难度大

大多数需要加固的桥梁都存在较大的安全隐患。一些建设年代久远的桥梁缺乏原始设计资料和原始施工记录，结构的内部状况不明，加固施工过程多采用动态设计原则，增加了加固设计的难度。一般情况下，加固设计必须在原结构中实施，原结构形式的限制，加大了加固设计的难度，特别是存在二次加固的桥，难度更大。新旧结构的结合，包括新旧混凝土龄期的影响等，这些都是加固设计需要考虑的问题，也增加了加固设计的难度。

（3）桥梁加固施工对交通管制要求严

桥梁加固施工中，很多关键的加固工序都需要中断交通，如增大截面混凝土的浇筑、粘贴钢板结构胶的固化、斜拉索吊索的更换等，对已经运营的桥梁，交通管制的要求非常高，既要保证加固质量所需的中断交通时间要求，也要考虑中断交通对社会的影响。

（4）桥梁病害原因分析复杂

造成桥梁病害的原因通常是多方面的，可能涉及地形、地质、设计、施工、运营管理等多个方面。一个合格的加固设计工程师需要像一个"老中医"一样，通过望闻问切，借助先进的检测手段和扎实的调研工作，才能查明"病情"，采取针对性措施，做到"药到病除"。

桥梁病害的确定，需要切实有效的检测手段和技术。桥梁检测是通过一定的检测手段来了解桥梁的状况等级及病害发生部位、严重程度、产生的原因等情况，并分析和评价既有病害对桥梁的影响，从而为桥梁的维修加固提供可靠的技术数据和依据。

目前，桥梁一般的检测内容包括表观检查、混凝土强度检查、混凝土内部缺陷检测、钢筋位置及保护层检测、钢筋锈蚀检测、钢材焊缝检测、索力检测、索的锈蚀和断丝检测、漆膜厚度附着力检测、螺栓扭矩、结构测量、荷载试验等。检测技术已经由20世纪90年代的以人工目测为主，逐步向利用先进装备的方向发展，如无人检测、无损检测、水下机器人检测、无人测量船检测，未来将极大地解放人力，完成快速、精准、精确的检测作业。

1.2.3 公路桥梁加固面临的问题

20世纪90年代，我国的桥梁加固事业刚刚起步，加固业务呈现体量小、费用不高、工点分散的特点，除了一些国家级设计院，开始设置专业的加固机构进行加固业务的拓展外，国内大部分公路设计院均未涉足此类业务。经过几十年的公路高速建设期，我国的路网基本成形，公路建设工程量逐年下降，许多建设期的管理人员和技术人员大量进入公路养护管理部门，设计单位的新建设计工程师也进入加固养护设计行列。自身桥梁加固工程经验的缺乏，导致我们公路行业的从业人员对桥梁加固的认识不足，对桥梁初期出现的病害重视不够，未能及时加固，或者后期进行了加固，由于资金、经验等方面的原因，加固效果不尽如人意，此方面的问题主要表现在以下几点：

(1)"重建设、轻养护"的思想仍大量存在,预防性养护理念仍得不到认可,导致养护资金、技术人员等不足,也不能有效地进行检测和维修。

(2)管养部门的专业养护工程师缺乏,或虽然配备,但技术水平和能力仍有较大的欠缺。

(3)维修加固设计是"定制工程",部分加固设计水平不足,加固设计市场、桥梁检测市场,低价竞争问题突出,检测、设计深度严重不足。

(4)对《公路桥涵养护规范》(JTG 5120—2021)规定的初始检查、日常巡检、经常检查、定期检查执行力不足,或者对专业单位的检测报告未充分重视。

(5)管养单位对影响结构安全的病害认识不足,往往首先考虑封闭交通的社会影响和资金问题,对结构病害可能造成的桥梁事故抱有侥幸心理,也未编制相应的应急预案。

(6)养护主管单位未按交通运输部相关要求下拨桥梁养护资金。

2 公路混凝土桥梁病害分类及成因

2.1 公路桥梁病害

我国桥梁的结构形式多样，桥梁所处地质、地形、气候复杂多样，部分桥梁受建设期技术水平和经济条件制约，桥梁在设计、施工阶段也存在不完善和不合理的现象，同时，在运营阶段，养护管理和预防性养护也往往存在不到位或处置针对性不强的问题，部分地区的公路桥梁亦受车船落石碰撞、火灾、地震等影响，以上诸多因素，导致公路桥梁的病害频繁出现，甚至造成了桥梁失稳倒塌的重大事故。

2.1.1 公路桥梁病害类型

桥梁病害与缺陷可大致分为以下几种类型。

2.1.1.1 上、下部混凝土构件病害

（1）蜂窝

蜂窝是指混凝土梁体表面局部疏松，水泥浆少，集料之间存在空隙而没有有效地填满水泥浆，形成蜂窝状的孔洞。在钢筋混凝土与预应力混凝土梁板体表面的蜂窝中往往还伴随着钢筋外露。出现蜂窝现象表明梁体混凝土局部不密实且强度低，空气中的水汽及二氧化碳等易通过其进入混凝土内部，促使混凝土碳化及钢筋锈蚀，加速混凝土构件劣化，影响混凝土梁体耐久性，当有露筋现象时情况更严重。

（2）麻面

麻面是指混凝土梁体表面局部缺水泥浆且仅有细集料、粗集料的粗糙面，或者表面有许多麻点小凹坑。一般情况下，钢筋未外露。混凝土麻面为混凝土表面的缺陷，对结构受力影响不大，但局部混凝土内缺水泥浆，影响其耐久性和外观。

（3）剥落

剥落是指构件边角处混凝土局部掉落或出现不规范缺陷。剥落对混凝土构件耐久性有较大影响。剥落按水泥砂浆流失程度可分为轻度剥落（水泥砂浆流失深度小于6mm，已可见到集料），中度剥落（水泥砂浆流失深度达到6~12mm，集料间水泥砂浆已流失）、重度剥落（水泥砂浆流失深度达12~15mm，集料完全暴露）和严重剥落（水泥砂浆与集料均流失，且深度达到15mm以上，钢筋已完全暴露）。

（4）掉角

掉角是指构件边角处混凝土局部掉落或出现不规整缺陷。

（5）裂缝

裂缝是指混凝土构件表面的开裂现象。混凝土中裂缝的严重程度，可依据裂缝的产

生原因、长度与宽度的大小及其是否随时间而增加等因素来判断。构件上、下底面裂缝根据性状不同可分为网状裂缝、纵向裂缝、横向裂缝、斜向裂缝；侧立面裂缝根据性状不同分为网状裂缝、竖向裂缝、斜向裂缝、水平裂缝；根据裂缝不同的部位，裂缝可分为先张法预应力混凝土板端部区段裂缝、后张法预应力混凝土梁端部区段裂缝；先张法预应力混凝土空心板底面纵向裂缝；箱梁腹板斜向裂缝、箱梁腹板竖向裂缝、箱梁底板横向裂缝、箱梁底板纵向裂缝、箱梁顶板纵向裂缝等。

(6) 结构偏位

结构偏位是指由于基础移动、超载、碰撞、火灾、冲刷等原因引起的结构或构件位置的移动或截面的转动。结构偏位是结构出现变形、位移以及结构组成构件出现转动、相对错位的统称，是判断结构稳定的一个指标。大的结构偏位一般使结构发生大的位移，如果结构强度高，可能仅仅平移而已，不发生严重危险，但如果结构强度低，有可能造成结构的溃塌。

(7) 涂层缺陷

涂层缺陷是指混凝土表面涂层出现流痕、气泡、白花、起皱、起皮等现象。

(8) 磨损

磨损是指构件在车辆、水流等外界作用下出现的集料和砂浆的表面磨耗脱损现象。

(9) 桥梁基础冲刷、淘空

桥梁基础冲刷、淘空是指在水流作用下，基础周边埋置物被冲刷淘空的现象。

(10) 混凝土空洞

混凝土空洞是指深度超过钢筋的混凝土保护层且没有集料和水泥浆的内部空穴。深度较浅的空洞可能会出现外壳混凝土剥落，使钢筋和空洞外露。混凝土空洞的存在削弱了结构的有效截面，对结构受力有影响。

(11) 孔洞

孔洞是指混凝土出现大的孔洞，孔洞部位由于只有钢筋骨架而没有混凝土而形成的大孔洞。

(12) 混凝土碳化

混凝土碳化是指混凝土本身含有大量的毛细孔，空气中二氧化碳与混凝土内部的游离氢氧化钠反应生成碳酸钙，造成混凝土疏松、脱落。碳化后使混凝土的碱度降低，当碳化深度超过混凝土的保护层时，在水与空气存在的条件下，就会使混凝土失去对钢筋的保护作用，钢筋开始生锈。

(13) 露筋锈蚀

在钢筋混凝土梁体中主要是其受力主筋或箍筋没有被混凝土包裹而外露出表面，在预应力混凝土梁体中，一般是非预应力钢筋外露出表面，这些情况极易产生钢筋锈蚀，并引起钢筋锈蚀和混凝土剥离。钢筋混凝土和预应力混凝土构件是将钢筋置于混凝土中，利用混凝土具有的高碱性在钢筋表面形成保护膜，避免钢筋生锈，但是已建桥梁中，由于某些因素影响，仍然存在钢筋锈蚀情况。除了集料铁锈引起的锈蚀外，钢筋严重锈蚀最早可看见的征兆就是钢筋所在位置的混凝土表面出现与钢筋平行的裂缝，以及混凝土保护层剥离，使钢筋完全裸露。钢筋锈蚀裂缝也会在混凝土构件厚度范围内从一根钢筋延伸至另一根钢筋。在一般情况下，预应力钢筋的腐蚀发生率是很低的。但是，若在预应力混凝土桥梁的设计、施工及养护中存在某种根本性的错误或疏忽，仍会造成预应力钢筋的腐蚀并且不断发展。在大多数情况下，预应力钢筋腐蚀发展具有时间的潜伏性，会在没有任何预兆的情况下发生预应力钢筋断裂，进而造成构件突然破坏。预应力钢筋的腐蚀包括均匀腐蚀（锈蚀）和局部腐蚀。均匀腐蚀的特征是腐蚀（锈蚀）分布于预应力钢筋所在的整个表面，并以相同的速度使预应力钢筋的截面减小；均匀腐蚀（锈蚀）是一种大气腐蚀，即预应力钢筋暴露在大气潮湿环境中发生锈蚀。局部腐蚀的表面特征是预应力钢筋表面上各部分的腐蚀程度存在明显差异，特别是指一小部分表面区域的腐蚀速度和腐蚀梯度远大于整个表面腐蚀平均值的情况。

（14）缝隙夹层

缝隙夹层是指混凝土内存在的，并在构件表面呈现水平方向或垂直方向的松散混凝土夹层。其常出现在整体现浇构件的施工缝、悬臂施工节段箱梁接缝等位置，外观可见混凝土结合不好，常有缝隙或夹有杂物。因此，缝隙夹层成为混凝土结构或构件开裂的薄弱环节。

（15）预制板间企口缝混凝土剥落（铰接处缝隙混凝土脱落）

预制板间企口缝混凝土剥落包括预制装配式钢筋混凝土和预应力混凝土空心板板缝混凝土脱落。企口缝是空心板横向传力的重要构造。企口缝混凝土的脱落表明实际强度不够、质量差，因而造成空心板横向连接薄弱，很容易造成空心板的单板受力过大，破坏空心板梁桥上部结构横向整体受力性能，同时，使桥面铺装层产生沿企口缝（纵桥向）的裂缝，甚至破坏。而桥面水易从桥面的裂缝进入企口缝，进一步损坏企口缝内混凝土，我们往往可以在空心板底面观察到企口缝混凝土渗出的游离石灰。

（16）混凝土超方

混凝土超方是指浇筑混凝土构件实际量超过设计值，表现在截面某些尺寸超过规定的正误差值。混凝土超方易在整体现浇混凝土箱梁施工或节段悬臂现浇施工箱梁中发生，在桥梁现场检查中，可通过箱梁截面尺寸实际测量并与设计尺寸比较得到。与设计相比，这种病害增加了构件的恒载作用，可能使构件产生受力裂缝。

（17）预制T形梁之间的横隔梁连接错位

预制T形梁之间的横隔梁连接错位是指预制T形梁之间的横隔梁平面位置相差较大，或横隔梁底不在一水平面上。对于多梁式的梁桥，其上部结构是由多根主梁及端横梁、中横梁组成，作为一个整体结构承受车辆荷载作用。横隔梁连接的错位无法正确连接钢板，成为横隔梁受力的薄弱截面，这会导致上部结构整体承载能力削弱，甚至是主梁的单梁受力过大。

（18）混凝土保护层厚度过小或过大

混凝土保护层是指构件截面的最外钢筋外表面与截面边缘之间的混凝土层，其厚度是钢筋外缘与混凝土表面之间的距离。混凝土保护层厚度过小的外观表现往往是表面露筋或者说从构件外表明显能看到钢筋位置，仅在外表有一薄层的水泥砂浆。钢筋保护层厚度过大在混凝土表面一般无明显表现，混凝土表面上的一些孤立裂缝可能与此有关。混凝土保护层厚度偏小，甚至局部露筋，将易产生钢筋锈蚀，严重影响桥梁混凝土结构的耐久性。而混凝土保护层厚度过大，由钢筋外缘至混凝土表面间形成较大的素混凝土区，会使混凝土的表面产生收缩裂缝并易在桥梁服役阶段产生表面裂缝。

（19）跨中挠度过大

梁跨中挠度过大影响桥梁的使用性与耐久性；预应力混凝土板上拱值过大造成桥面为波浪形，引起行车的不舒适感，降低行车速度，影响了桥梁的适用性功能。

2.1.1.2　支座病害

支座病害包括板式橡胶支座的老化、变质、开裂，支座的外鼓，钢板的锈蚀、剪切变形，盆式橡胶支座锈蚀、脱焊、变形、锚栓剪断、失去支撑功能、位移转角超限，构件磨损裂缝等。

2.1.1.3　伸缩装置主要缺陷与病害

（1）橡胶条脱落

橡胶条脱落造成伸缩装置破坏，除引起桥上行车舒适度降低外，桥面流水及桥面垃圾易由此进入到伸缩缝内，造成墩台帽顶面混凝土劣化和伸缩缝两侧结构的劣化。

（2）伸缩装置两侧锚固混凝土破碎

伸缩装置两侧锚固混凝土破碎会引起伸缩装置部位的后铺锚固混凝土破碎，甚至伸缩装置的锚固钢筋露出。

（3）锚固件破坏

伸缩装置的锚固钢板件破坏，属于伸缩装置本身破坏。目视检查发现这类伸缩装置的锚固件破坏（称为锚固部位锚固不良）现象，均对桥上交通带来很大安全隐患，要紧急补修。

（4）铺装层与伸缩装置部位后铺料剥离

对于沥青混凝土桥面铺装，往往在沥青混凝土桥面铺装后，将拟设置伸缩缝部位的铺装层凿除，再进行伸缩装置施工，随后在已安装好的伸缩装置后浇筑混凝土。病害现象是沥青铺装层与伸缩装置部位后浇混凝土的交界附近，出现铺装层的剥离或混凝土剥离。

（5）型钢焊缝开裂

焊缝开裂是焊接件中最常见的一种严重缺陷。在焊接应力、运营疲劳荷载及其他致脆因素共同作用下，焊接接头遭到破坏而形成的新界面所产生的缝隙，它具有尖锐的缺口和大的长宽比的特征。裂纹影响焊接件的安全使用，尤其焊缝开裂后型钢凸起或翘曲，会严重影响桥面行车安全，是一种非常危险的缺陷。焊接裂纹不仅发生于焊接过程，有的还有一定潜伏期，有的则产生于焊后的再次加热过程，有的产生于后期运营荷载的反复作用。

2.1.1.4　材料缺陷引起的病害

混凝土碱-集料反应是混凝土中某些活性矿物集料与混凝土孔隙中的碱性溶液之间发生的反应。混凝土碱-集料反应是对混凝土桥梁危害很大的一种病害，随着时间推移而呈现混凝土表面开裂、混凝土剥离和混凝土破坏现象。碱-集料反应破坏最重要的现场特征之一是混凝土表面开裂。如果混凝土没有施加预应力，则混凝土碱-集料反应产生的表面裂缝呈网状，每条裂缝长数厘米。刚开始时，裂纹从节点呈三条放射状裂纹，夹角约120°，起因是混凝土表面下的集料颗粒周围的凝胶或集料内部产物的吸水膨胀。当其他集料颗粒发生反应时，便产生更多的裂纹，最终这些裂纹相互连通，形成网状裂缝。预应力混凝土构件遭受严重的碱-集料反应破坏时，其膨胀力将垂直于约束力的方向，在预应力作用的区域裂缝将主要沿预应力方向发展，形成平行于预应力钢筋的裂缝，在非预应力作用的区域或预应力作用较小的区域混凝土表面出现网状开裂。

在工程现场检查时，应注意区别碱-集料反应裂缝与混凝土收缩裂缝。混凝土结构的收缩裂缝也会出现网状裂缝，但出现时间较早，多在混凝土施工期内，而碱-集料反应裂缝出现较晚，多出现在施工后数年甚至十几年以后；所处大气环境越干燥，混凝土收缩裂缝就越大，而碱-集料反应裂缝则随着大气环境湿度增大而发展；在受约束的条件下，碱-集料反应膨胀裂缝平行于约束的方向，而混凝土收缩裂缝则垂直于约束方向。混凝土碱-集料反应在引起混凝土开裂的同时，有时会引起混凝土局部膨胀，导致混凝土表面一条裂缝的两个边缘不在一个平面（混凝土表面）上，这是混凝土碱-集料反应裂缝所特有的现象。碱-集料反应生成的碱-硅酸凝胶有时候会由裂缝溢出到混凝土表面，新鲜的凝胶透明或呈浅黄色，外观类似树脂状。脱水后，凝胶变成白色。混凝土结构在受雨水冲刷后，混凝土构件中的氢氧化钙也会溶解流出，在空气中碳化后成为白色，这可用稀盐酸加以区别。混凝土结构中的氯盐、硫酸盐和硝酸盐等溶出时也会出现渗流物，这可以用水擦掉，而混凝土中渗出的凝胶则不容易擦掉。碱-集料反应不同于其他混凝土病害，其开裂破坏是整体性的，且目前尚缺有效的修补方法，而其中的碱-碳酸盐反应的预防尚无有效措施。由于碱-集料反应造成的混凝土开裂破坏难以被阻止，因而被称为混凝土的"癌症"。

混凝土集料膨胀反应是由于混凝土集料的膨胀而造成混凝土构件开裂、表层剥离等的一种病害。膨胀集料位于构件离表面不深的混凝土内时，早期出现混凝土表面的放射状或网状的裂缝。放射状或网状裂缝的中心大致在膨胀集料所在位置。进一步发展后会造成相应裂缝区域的混凝土剥离，剥离开头大致呈圆形，直径为150~300mm，在圆形剥离区最深处有似粗集料圆孔，里面为膨胀集料，剥离后混凝土的粗集料和钢筋外露。当混凝土的膨胀集料遇钢筋后，集料遇水膨胀后会顶弯钢筋，造成顺着钢筋方向的裂缝和成片混凝土剥离。

2.2 公路桥梁的病害成因

根据病害的形态特征、发展趋势，既有桥梁的病害成因大致可以分为勘察设计原因、施工原因、管养原因、外荷载及环境影响的原因。部分病害还是上述原因的综合影响所致。

2.2.1　勘察设计原因

随着工程界对结构研究的不断深入和计算机模拟技术的突飞猛进,目前,桥梁结构模拟计算技术已日趋完善。但既有桥梁的设计师受时代的限制和对结构认识的局限,其桥梁的设计存在先天的缺陷,部分桥梁结构计算、图纸绘制还存在人为的失误,部分桥梁设计出于经济因素对结构尺寸过分优化,导致桥梁出现了多种病害。

勘察工作是桥梁下部基础设计的保证。部分勘察工作由于费用低、工作难度大、责任心缺失等因素,导致勘察资料不细、不全,甚至错误,进而使基础尺寸、配筋不满足承载能力要求,后期出现下部结构下沉、开裂、倾斜等病害,危及桥梁的安全。

2.2.2　施工原因

在施工中,材料不合格,没有合理控制沥青混合料配合比,混凝土的配合比没有严格参照设计的材料配比进行,用水量过大、添加剂掺量不当、细集料偏多等因素易导致沥青桥面在早期使用中可能出现油包、坑槽等病害,上、下部混凝土结构出现开裂、剥落等病害。

施工工序流程未按照批复的施工方案实施,如简支混凝土箱梁的混凝土浇筑顺序未从跨中向支点进行浇筑,导致先期浇筑的混凝土开裂;部分满堂支架或拱架的拆除未按先跨中后支点的方式进行,或落架时间过早都会导致梁体的开裂。

混凝土的振捣、养生不当也会导致桥梁结构出现病害。如由于振捣不充分,在梁体底板钢筋布置密集处容易导致混凝土浇筑不密实、空洞、钢筋锈蚀等病害。由于梁体混凝土过度振捣,导致砂浆上浮,后期出现混凝土收缩裂缝。混凝土养生也是一个关键的因素,在高温、干燥、大风的季节浇筑的混凝土如保湿工作不到位、雨雪天气浇筑的混凝土保温工作不到位,均易导致混凝土表层裂缝的出现。

施工细节管理不到位也会导致病害。如钢筋保护层垫块的间距过大或局部缺失,养生过程中周边施工机械的过大振动,预应力张拉设备的机械故障导致的张拉力过大或过小,混凝土压浆不密实等均容易导致后期病害。

2.2.3　管养原因

桥梁在公路工程中是一种造价较高的人工构筑物,在整条路线的投资中占较大的比重,而且桥梁损坏后修复起来也比较困难,损坏严重的可能造成交通中断,甚至出现安全事故等。因此,对桥梁进行有效的养护工作,是延长其使用寿命、满足承载能力及通行能力、保障行车安全的重要保证;保持桥梁的良好状态,对公路运输具有极其重要的意义。桥梁养护的首要工作是对桥梁进行各种检查及检验工作,了解桥梁的技术状况、掌握病害及其发展情况。后期针对具体的桥梁提出具体养护措施,也是管养单位履职尽责的体现。

目前,由于桥梁养护资金匮乏、管养单位认识不到位等原因,对桥梁早期出现的轻微病害,往往疏于处置,在后期各种荷载的长期作用下,病害急剧发展,不仅危及桥梁安全，也极大地增加了处置费用，造成国家资金的浪费。如上部结构的主梁出现了跨中横向开裂或支点剪切开裂等结构裂缝，要及时进行加固处理，以保证结构安全；装配式预支梁的边梁混凝土由于雨水的侵蚀、泄水管渗水、伸缩缝渗水等影响，后期容易出现露筋及锈蚀、混凝土剥落现象，养护单位除处置伸缩缝泄水管外，及时粉刷防水涂料，设置截水板等措施将极大地保护混凝土的耐久性能，延缓病害的出现。目前公路混凝土护栏大多耐久性不足，北方有的地区通车一二年就破损，主要原因在于桥面除冰盐和冻融循环的影响，管养单位应及及时涂刷防护涂层，会产生良好的保护效果。桥头沉陷、桥头跳车病害是桥梁一大通病，特别是在软基地区，桥头跳车带来的冲击作用导致伸缩缝的过早损伤、桥面铺装的开裂、支座的开裂、梁体的剪切裂缝等一系列问题，管养单位应尽快处置。

2.2.4 外荷载及环境影响原因

桥梁在运营过程中因桥梁运营荷载、自然环境因素、社会环境因素导致的病害屡见不鲜。管养单位应及时掌握交通状况，取缔桥梁不正当使用及非法占用、清除非法堆载，严格管理超载车、特种车过桥，必须通过时采取防护、加固措施，以免造成桥梁损坏；同时对可能发生台风、暴雨、暴雪、地震、火灾、流冰、洪水、落石、车船撞击危害的，应做好桥梁检查、应急处理措施及防范措施；对通过检验，需进行限载、限速或停止交通的，应及时办理审批手续并进行交通管制；对桥梁各部位经常保养，对检查发现的缺陷、损坏处进行及时的维修，对检验不能维持原设计载重等级要求的，应有计划地进行维修加固。

3 桥梁下部结构常规加固维修方法

3.1 公路桥梁维修加固原则

对于公路桥梁病害应查清病因并尽早尽快进行处置,根据以往的桥梁加固经验和教训,桥梁加固的原则除满足设计规范、技术可行、经济适用、结构安全的原则外,桥梁维修加固原则主要有以下几点。

(1)"动态设计"原则

桥梁加固维修的工作与新建桥梁施工的最大区别在于,它是在既有结构上的施工,难度可想而知。在维修加固施工中可能会发现新的病害,新的问题,为保证加固维修效果,我们必须及时通知检测、设计单位,对新的病害进行分析,出具新的维修加固设计图,即"动态设计",这是我们进行维修加固设计工作的一个重要原则。

(2)尽量不损害原结构的原则

既有桥梁出现病害,已经对桥梁的强度、刚度、稳定性造成一定程度的影响,我们在加固维修中应尽量采取对原结构无影响或影响较小的措施和方法,如对空心板的跨中抗弯承载能力不足的加固措施,可以粘贴钢板或碳纤维板,在保证加固效果的情况下,应尽量粘贴碳纤维板,以避免粘贴钢板植筋对空心板的损伤。

(3)一桥一策原则

加固业务呈现体量小、费用不高、工点分散的特点。我们要针对目前的情况,树立桥梁加固项目是"定制工程"的观念,针对需要结构性加固的桥梁,认真分析找出病害的真正原因,根据病害的严重程度,分级、分层、分期采取应对措施,一桥一策,保障加固维修效果。

(4)尽量减少社会影响原则

公路上的桥梁一般距离人口密集的区域相对较远,桥梁维修加固中的噪声污染、固废污染、大气污染、水污染、光污染等相对较小。但桥梁施工部分工序需要全幅或半幅封闭道路则会对周边群众的出行造成较大的影响。故在确定加固维修方案时,应选取施工速度快、交通影响小的方案,最大限度减少维修加固施工对地方交通的影响,如确需全封闭交通时,应充分做好区域路网调查,制定科学的绕行方案,并积极做好登报告知、交警路政批复工作。

(5)对症下药、及时加固原则

病害的原因可能涉及设计、施工、运营、环境等各个方面,还可能涉及建成历史中经历的天灾人祸,找出主要致病因素,是做好加固设计的首要因素。同时,桥梁病害也是多种多样的,其成因往往非常复杂或具有隐蔽性,同一种病害的成因往往也是不同的或综合性的，如不能及时处置，部分病害可能会加剧发展，故维修加固的及时性也是保证加固维修效果的一个重要因素。

（6）预防为主原则

桥梁病害的发展有其规律，在病害发展的前期或病害未出现之前，就采取一定的预防措施，能大幅提升结构的耐久性，保证结构的使用性能，同时从全寿命周期来看，也是经济性最好的一项措施。桥梁病害的发生一般都有前兆，及时发现这些前兆，进行正确判断，及时处置可能发生的病害，将其消灭在萌芽状态，这对于桥梁运营安全和防止病害发生也是非常重要的。但目前管养单位或人员对于公路桥梁预防性养护的重要性认识不足，或者受限于养护资金的匮乏，预防性养护难以实施，这就需要针对维修加固设计做好充分的沟通交流工作。

3.2 公路桥梁下部结构维修加固方法

近些年，我国陆续对一些公路桥梁的下部结构病害进行了加固，在公路桥梁加固领域积累了丰富的实践经验，通过总结可以归纳为以下方法。

3.2.1 盖梁加固方法

（1）增大截面加固法

增大截面加固法是建筑加固改造中通过增大原构件截面面积或增配钢筋，以提高其承载力和刚度，或改变其自振频率的一种直接加固法。增大截面加固法可以根据原构件的受力性质、尺寸面积和施工条件的实际情况来选择加固方案。加固设计可以为单面、双面、三面和四面增大构件截面。例如轴心受压混凝土柱常常采用四面加大截面法，偏心受压混凝土柱如果受压边较为薄弱，可以仅对受压边进行加固，即单面加大截面法，受拉边薄弱时可以只对受拉边加固。而梁、板等受弯混凝土构件，如果是以增大截面为主的加固施工，可以对受压区域加固，也可以增加配筋为主加固受拉区，或者二者同时进行。对于桥梁盖梁，一般对纵桥向大小桩号面对称加大截面，这有利于盖梁骨架钢筋或预应力钢筋的布设。

为了保证补加钢筋混凝土和原混凝土的正常和协同工作，需配置植筋或植入锚栓，将原有混凝土凿毛、设置剪力槽等措施。如果是以增大钢筋面积为主的加固，为了保证新加钢筋的正常和协同工作，需采取一定的构造措施，如与原结构骨架钢筋焊接，应设置钢筋保护层，适当地增加截面等。

（2）粘贴钢板（碳板）加固法

粘贴钢板加固法是用高强的建筑结构胶，将钢板粘贴于构件表面从而提高构件承载力的一种加固方法。粘贴钢板加固法的原理是利用胶黏剂把钢板粘贴于原构件表面，使钢板与原结构形成一个新的承力系统，钢板参与受力，从而达到对混凝土结构补强的目的。粘贴钢板加固法具有以下明显特点：

① 施工快速、工期短。该加固法施工速度快，从清理、找平、粘贴钢板，到加压

固化，仅需 1～2d，可大幅度节省施工时间，经济效益明显。

② 具有良好的整体受力性能。受力较均匀，一般情况下，胶黏剂的黏结强度高于混凝土抗拉强度，可以使钢板与原构件形成一个良好的整体。

③ 钢材的利用率高、用量少。

④ 粘贴钢板所占空间小，几乎不增加被加固构件的断面尺寸和质量，对构件的使用净空、外形影响小，基本不影响构件的外观。

盖梁粘贴钢板加固的位置和方向由病害的类型决定，如果抗弯承载能力不足，一般水平设置；如抗剪承载能力不足，则竖向或斜向布置。

(3) 体外预应力加固法

体外预应力是针对体内预应力而言的，即把预应力钢筋、钢绞线或高强钢丝、碳纤维板布置于主体结构以外，以改善主体结构的受力状态，提高结构的承载能力。

体外预应力加固法具有加固、卸荷、改变结构内力的三重效果，适用于各类桥梁。工程实践表明，使用体外预应力加固桥梁具有如下优点：

① 能够大幅度提高旧桥的承载能力，加固后所能达到的荷载等级与原桥结构构件的设计标准和安全储备有关，一般情况下可将原桥承载能力提高 30%～40%。

② 体外预应力加固技术所需的设备简单，人力投入少，施工工期短，经济效益明显。

③ 在加固的过程中可以实现不中断交通或短时限制交通。

④ 对原桥构件损伤相对较小，可以做到不影响桥下净空。

虽然体外预应力加固法具有诸多优点，但在桥梁的盖梁加固中应充分考虑体外束长度过短造成的预应力损失问题。

(4) 改变结构体系加固法

对独柱墩接盖梁的桥墩，通过增设墩柱使盖梁由悬臂梁变为连续梁，或者通过改造，使柱墩变为板墩，盖梁由悬臂梁变为弹性地基梁。

(5) 外包钢加固法

外包钢加固法与粘贴钢板加固法没有本质区别，只是钢板的面积较大，设计和施工中应注意钢板分块的设置，以满足受力和施工便捷的要求，同时加强对大块钢板灌胶密实度的检查。

3.2.2　圬工重力式墩身加固法

(1) 局部增设混凝土圈梁或钢箍加固法

墩身出现竖向开裂，若是由基础横向不均匀沉降引起，不能证明沉降已经稳定，应先加固地基。地基处理后，采用在墩身高度方向，按一定间距设置若干道封闭钢筋混凝土圈梁或若干道封闭性钢箍的方式约束裂缝宽度的发展。

(2) 增大截面加固法

加固方法同盖梁。

(3) 粘贴钢板加固法

加固方法同盖梁。

3.2.3 钢筋混凝土墩身加固的方法

(1) 增大截面加固法

加固方法同盖梁。

(2) 粘贴钢板加固法

加固方法同盖梁。

(3) 缠裹粘贴纤维复合材料加固法

对混凝土表面出现剥落、钢筋锈蚀、网裂甚至结构裂缝的混凝土墩身，进行表面凿毛处理，局部平整度差的进行修补后，涂装环氧树脂封闭漆和树脂结构胶，然后绕墩身环向粘贴纤维复合材料，既提高了墩身混凝土的耐久性，又对墩身进行了套箍补强，有效地提高了墩身的承载能力。

(4) 独柱改多柱加固

独柱改多柱的加固方法多用于桥梁墩身承载能力严重不足、基础偏位、上部结构偏位、上部结构不平衡推力及堆载等导致的墩身倾斜、墩身开裂以及桥梁加宽改造等工况。

3.2.4 桥台加固法

(1) 背墙水平开裂拆除重建法

背墙较高或竖向钢筋配筋不足时，在台后土压力的作用下产生弯曲开裂，当台后土压力不均时，裂缝与水平方向有一定的夹角。由于背墙一般与梁端存在较小的空隙，对背墙的维修处理较难实施，病害严重的情况下，一般采取拆除重建的方法进行处置。

(2) 重力式 U 形桥台不均匀沉降注浆加固法

重力式 U 形桥台基础一般为扩大基础，在地基受到扰动或地基各位置本身的承载能力不均的影响下，桥台易出现不均匀沉降的病害。注浆加固法就是在 U 形台基础周边采用钻孔的方式，将注浆管放入基础周边的地层，利用注浆设备将浆液均匀地注入台背填料、路基地层内，浆液将台背填料和路基地层中土体颗粒中的水分和空气挤出，充满原来土体的间隙，注入的浆液将和原本松散的土体颗粒紧密地凝结成一体，使台背填料和路基地层承载能力都得到加强。注浆材料常见的为水泥浆、水玻璃或水玻璃加氯化钙。采用注浆法加固地基处理桥台不均匀沉降应考虑以下问题：

① 注浆法加固地基质量控制、检验的难度大，是否达到设计预期评估困难；

② 同一墩台基础，因地质、地层的不同，按同一设计方案、施工方式进行加固时，可能导致承载能力不均；

③ 注浆过程中对土体产生挤密、扰动，对既有基础的沉降有一定的影响。

(3) 侧墙外倾增设钢筋混凝土圈梁加固法

钢筋混凝土圈梁加固法适用于侧墙外倾，虽有开裂，但裂缝宽度延伸长度不足台高一半的情况。圈梁加固的构造应满足下列条件：

① 梁式桥圈梁顶与台帽齐平，空腹式拱桥梁顶与第一腹拱拱脚平齐；
② 台后或侧墙尾端路基开槽，使圈梁闭合；
③ 圈梁的厚度宜为 30~50cm，高度宜为 50~100cm，主筋直径不小于 20mm；
④ 在设置圈梁的位置处植入钢筋，绑扎钢筋，浇筑混凝土；
⑤ 路基开槽回填，修复路面。

（4）侧墙外倾增设辅助支挡加固法

此方法适用于侧墙外倾，但路基开槽困难，侧墙高度在 8m 以内，且侧墙处可以设置支挡的情况。支挡一般采用肋板式钢筋混凝土结构、桩基础；根据侧墙的长度确定肋板的道数，肋板的间距 3~5m，多道肋板时，肋板间设置系梁进行连接。

（5）侧墙外倾增设框架梁对拉锚杆加固法

侧墙较高，产生外倾、开裂严重时，采用框架梁加对拉锚杆约束外倾发展。在侧墙上横向水平钻孔，布置预应力钢束锚杆，侧墙外设置混凝土框格梁，锚杆中心布置于框格梁交点处。

填料的土压力将由预应力锚杆平衡，每层锚杆的张拉控制力，按单根锚杆分担 1/2 上下左右相邻锚杆所构成矩形区域内的土压力计。锚杆采用等间距布置时，每层锚杆的张拉控制力不同，为使张拉控制力基本相同，可采用上疏下密的布置方式。填料的土侧压力按静止土压力计算，土侧压力分为填料自身的土压力和汽车荷载引起的土侧压力两部分，其中汽车荷载引起的土侧压力按汽车轮重换算为等重均布土层来计算。为便于施工，预应力锚杆通常采用高强精轧螺纹粗钢筋及对应锚具。为满足局部承压的要求，需要设置锚垫板、锚下螺旋筋，锚头采用内置式，以便防护。预应力筋张拉完毕后进行孔道灌浆，以避免预应力筋腐蚀。钢筋混凝土框架梁为预应力锚杆的支承结构，框架梁采用矩形截面，计算时将锚杆等效为支座，每排框架梁简化为支撑于锚杆上的连续梁。为方便施工，各截面采用统一的配筋方式，箍筋可采用闭合和 U 形两种方式交替布置，U 形筋作为植筋植入墙体，以使框架和侧墙形成整体。

（6）侧墙严重外倾拆除重建法

对于侧墙严重外鼓、开裂，砌筑质量差，砌筑材料明显较差，桥上交通量较小或具备绕行条件时，考虑侧墙拆除新建。

（7）减轻桥台台背荷载加固法

此方法适用于轻型桥台台背土压力较大，桥台有向桥孔方向位移时的加固。挖除台背填料后，改换轻质填料回填，减轻桥台台背的土压力，以使桥台稳定。目前国内已经有路基轻质填料 ESP 应用于桥头台背回填的案例，较好地解决了软基过渡段的沉降和路基与桥台相接处的差异沉降问题，随着此类材料应用技术的推广和总结，该材料应用于加固工程指日可待。

（8）加柱、加桩加固法

适用于竖向承载能力不足或原柱（桩）抗弯承载刚度不足的加固。一般可在台前增加一排桩并现浇盖梁，以分担上部结构荷载。盖梁可以单独受力，也可以联结原盖梁、原桩共同受力。

(9) 增大台身截面加固法

做法同盖梁增大截面加固。适用于轻型桥台背土压力过大，台身强度、刚度不足时的加固。可挖去台背填土，增大台身截面，提高强度和刚度。

(10) 支撑过梁加固法

主要适用于单跨小跨径薄壁桥台，可在两桥台基础之间纵桥向支撑梁（支撑板），以防止桥台向跨中位移。如果桥梁存在冲刷问题，支撑梁顶宜设置在一般冲刷线以下或设置其他抗冲刷设施。

(11) 台后增加挡土墙加固法

适用于桥台背土压力过大的桩柱式台的加固，台后增加挡墙后，依靠挡墙承受土压力。

3.2.5 基础加固法

(1) 增大基础面积加固法

桥台原基础为埋置深度较浅的圬工刚性扩大基础或钢筋混凝土扩大基础，地基土的承载能力不小于 300kPa，原基础周边可以开挖实施时，对桥台出现不均匀沉降、基底局部掏空、桥梁荷载等级提升改造基础承载能力不足等问题，可通过增大基础面积的加固方法进行处置。增大基础的面积应由基础的承载能力和沉降要求验算确定，扩大后的基础，应使墩台基底的应力在地基的允许应力范围以内。新老基础结合需考虑可靠的构造措施，满足后期共同受力的要求。增大基础的基底高程应至少与原基础基底高程平齐，视地基条件可低于原基底高程。增大基础面积加固法在施工中应注意避免在雨季施工，躲避不开时应采取设置遮雨篷、截水沟、排水沟等措施，避免开挖基坑坑底因积水而导致承载能力和稳定性的降低。原基础的周边开挖会降低原基础的承载能力和稳定性，尤其是拱桥的施工风险要远远大于梁式桥，在开工前应制定相应的安全检测措施。

(2) 增补桩基加固法

增补桩基加固法一般适用的场景包括：

① 桥下净空满足桩基施工作业的条件，承台或系梁的扩大不影响通航净空；

② 桥梁设计荷载等级提升或上部结构因加固改造恒载增加等；

③ 原桥基础为摩擦桩，由于河床下切，接近或超过局部冲刷深度且河床冲刷防护困难；

④ 原桥为扩大基础，但采用增大基础面积的方法困难时。

增补的新桩一般布置于原桩纵桥向前后，也可根据增补桩基的数量，将新桩和原桩（旧桩）布置在同一轴线上或错位布置，应避免新桩施工困难或压缩通航断面。为保证新旧桩基共同受力，可通过设置承台或系梁将新旧桩基相连。新桩为钻孔摩擦桩时，新桩与原桩中距不得小于桩径的 2.5 倍；新桩为钻孔端承桩时，新桩与原桩中距不得小于桩径的 2.0 倍；桩径不一致时，按桩径较大的控制中距。加固设计时，应进行原桥基础承载能力检算、新桩单桩容许承载能力验算、新桩沉降计算及沉降控制、群桩的承载能力验算等。

如需新增承台,新增承台可将原桩基(含原桩间系梁)部分包裹在内,承台厚度一般不小于1.5m,依据新旧桩基的布置,尽量减小承台体积,可采用菱形、H形等多边形构造,并应满足桩基距离承台的最小距离要求。为保证新建承台有效,将新旧桩基联结为一个整体,共同受力,可在新建承台与既有承台、系梁、桩基结合面采用植筋或设置剪力键等方式,进行结合面处理。加固设计时,应进行新承台的抗弯抗压承载能力验算、抗剪切强度计算、冲切计算等。

增补桩基加固法在设计及施工阶段应注意:若增加的桩基会引起河床过水断面的减少,增加流速,加剧河床的局部冲刷,应对局部冲刷深度进行评估分析;新增桩基在钻孔过程中,塌孔、振动等对地基产生扰动,会使原桩摩阻力下降,承载能力受到影响;施工工作面受限,施工机械可能会对原结构产生碰撞、刮擦等;对位于岩溶地区、湿陷性黄土等不良地质地区的桩基,应做好前期地质勘察工作,确保施工安全。

3.2.6 地基加固法

(1) 地基注浆加固法

注浆材料要求浆液的黏度低、流动性好;浆液的凝胶时间在大范围内可以调节,且易准确控制;浆液的稳定性好,在常温常压下长期存放不改变性质,不发生任何化学反应;浆液对注浆设备、管路、混凝土结构物、橡胶制品无腐蚀,并容易清洗;浆液固化时无收缩现象,固结体有一定的抗压、抗拉强度。

地基注浆加固法根据注浆材料的不同,主要有水泥灌浆法、双液硅化法(水玻璃、氯化钙)、单液硅化法(水玻璃)、碱液法。其中水泥灌浆法主要适用于砂土和碎石土的渗透灌浆和黏性土、填土和黄土中的压密灌浆和劈裂灌浆;双液硅化法适用于渗透系数为2~8m/d的砂性土;单液硅化法适用于渗透系数为0.1~2m/d的湿陷性黄土,无压力单液硅化法宜用于自重湿陷性黄土;碱液法适用于处理既有建筑物的非自重湿陷性黄土地基。

注浆设计中应包括注浆材料的选择、注浆有效范围的设定、注浆孔的布置、注浆量、注浆压力、注浆顺序、初凝终凝时间等,应进行室内浆液的配合比试验,正式施工前应进行现场注浆试验,以求合适的施工参数,并检验施工方法和设备。在设计前应查明加固土层的分布范围、含水率、土的颗粒级配、地下水和孔隙率等土体的力学指标。浆液及其配合比的设计,必须考虑注浆目的、地质情况、地基土的孔隙率、地下水的情况等,在满足所需要求的前提下确定最佳配合比。初凝时间根据地质条件和注浆目的确定。在砂土地基中,一般初凝时间为5~20min,在黏性土中劈裂注浆时,一般浆液的凝结时间为1~2h。注浆量宜在施工现场进行试验确定,一般黏性土地基的浆液注入率为15%~20%。注浆压力主要取决于浆液材料的稠度,压密注浆若采用水泥砂浆浆液,坍落度为25~75mm,注浆压力为1~7MPa,坍落度较小时,注浆压力可以取上限值。对劈裂注浆,在注浆范围内尽量减少注浆压力,注浆压力的选用根据土层性质及其埋深确定,砂性土中的注浆压力经验数值为0.2~0.5MPa,黏性土中的注浆压力经验值为

0.2~0.3MPa。

注浆法存在问题主要体现在以下三个方面：

① 注浆法加固地基质量控制、检验的难度相对较大，是否达到设计预期评估困难，施工需要有类似工程经验的承包商。

② 注浆过程对土体产生挤密、扰动，对既有基础的沉降有一定的影响。

③ 同一桥位处的墩台基础，因所处地层、地质的不同，按同一设计方案、施工方式进行加固，可能导致承载能力不均匀。

(2) 高压旋喷桩注浆加固

高压旋喷桩在地基处理工程中应用广泛，主要应用于增加地基强度、挡土围堰及地下工程建设、增大土的摩擦力、减小振动、防止砂土液化、降低土的含水率、防止洪水冲刷和防渗帷幕等工程。

高压旋喷桩适用于处理淤泥、淤泥质黏土、黏性土、粉土、黄土、砂土、人工填土和碎石土等地基，但对于土中砾石直径过大、砾石含量过多及有大量纤维质的腐殖土，应根据现场试验结果确定其适用程度。

高压旋喷注浆材料要求浆液是真溶液，不是悬浊液，浆液黏度低、流动性好；浆液的凝胶时间在一定范围内可以调节，固结后固结体有一定的力学强度和黏结度；浆液的稳定性好，对环境无污染；浆液对注浆设备、管路、混凝土结构物、橡胶制品无腐蚀，并容易清洗；浆液固化时无收缩现象。

高压旋喷桩主要用于处理墩台承载能力不足，产生沉降变形及由于荷载等级变化，需要提升基础承载能力的情形。旋喷法设计应查明墩台基础所处的地层地质情况，并对运营过程中的病害历史和现状进行调查分析，根据病害发生、发展程度，推算现有地基承载能力。根据基础距离基岩的深度，可设计为端承桩或摩擦桩，根据承载能力需要提升的数值，推算加固所需的固结体的总面积，从而确定旋喷桩的断面面积和总根数。

旋喷桩施工前应做好施工准备工作，垂直施工时，钻孔的倾斜度不得大于1.5%，水、气、浆的压力和流量应符合设计要求，同时做好压力、流量和冒浆量的测量工作，并按要求逐项记录，若出现喷嘴被堵，可采取复喷的方式进行处理，施工完毕后，及时彻底地清洗注浆管和注浆泵，管内不得残存水泥浆。

3.2.7 河床抗冲刷防护

河床的冲刷下切，使基础埋置深度或长度降低，达到局部冲刷深度时，影响基础的承载能力和稳定性。对中小桥，当河床存在冲刷下切问题时，应进行抗冲刷防护。

(1) 上游增设消能设施

消能是通过工程措施，使水流在运动过程中克服各种阻力做功，消耗了一部分机械能量，如动能、势能，使之转化为热能，热能在环境中难以再被利用，消耗在环境中，随之降低了水流的冲刷作用。工程中常用的消能方式有挑流消能、面流消能和底流消能。各种消能方式均有利弊，应根据实际情况选择合适的消能方式。对比降比较大的河床，在桥梁上游侧设置消能设施，降低水流的流速。

(2) 下游增设淤砂坝

淤砂坝也称为拦砂坝,是以拦蓄山洪、河流、泥石流中的固体物质为主要目的,防止河道下切的建筑物。通过设置淤砂坝,提高了坝址处的侵蚀基准,通过砂等淤积物,减缓了淤砂坝上游河床的比降,加宽了河床,并使流速和径流减小,从而大大减小了水流的侵蚀能力,同时淤积物淤埋了上游河岸坡脚,使坡面冲刷作用和岸坡崩塌减弱,最终趋于稳定。根据坝体材料的不同,淤积坝可分为砌石坝、土坝、铁丝石笼坝、钢筋混凝土坝、金属格栅坝等。

(3) 桥墩抗局部冲刷柔性防护

目前防止桥墩局部冲刷柔性防护应用最广泛的是石笼,石笼主要有两种,一种是由钢筋骨架和编织网组成,另一种是无骨架的编织网。编织网一般采用铅丝,编织网为六角形孔眼,石笼内装河卵石或块石,其抗冻性能冻融循环次数宜大于50,密度宜大于$1700kg/m^3$。

(4) 河床铺砌

河床铺砌有自然铺砌和人工铺砌两种。自然铺砌又称粗化,指河床冲刷时水流带走细砂颗粒,使床面砂的粒径逐渐增大的现象。人工铺砌指为防止河床冲刷引起的破坏,在床面铺砌碎石或砂砾等物,以改善河床土质,减轻冲刷。工程上的河床铺砌多指人工铺砌。桥下铺砌一旦出现小坑小洞,应及时维修,避免出现大面积冲刷导致的桥梁倒塌。对于河床铺砌出现大面积破损,应及时抢修,并仔细检查基础是否被掏空,一旦威胁桥梁安全,应及时封闭交通。

河床铺砌前,首先对河道开挖边线范围内的植被、建筑垃圾等进行清理,开挖过程严格按设计边坡和纵向坡率进行开挖,避免出现超欠挖现象。一般应先砌筑上下游的截水墙,截水墙基础应在局部冲刷线以下。河床砌体应上下错缝、内外搭砌,砌块间砂浆应饱满,并加强养护。

(5) 设置调治建筑物

调治建筑物指的是为引导或改变水流方向,使水流平顺地通过桥孔以减缓水流对桥位附近河床、河岸的冲刷而修建的水工建筑物。调治建筑物的布设要顺应水势,因势利导,因地制宜。应结合河段特性,水文、地形和地质等自然条件,桥头路堤位置,通行要求,水利设施等因素综合考虑。

调治桥梁附近水流的建筑物主要包括导流堤、梨形坝、长堤、丁坝、顺坝、截水坝等。其主要作用是整治河道,使水流均匀顺畅地通过桥孔,防止桥位附近的河床和河岸产生不利的变形,以保证桥梁墩台和桥头引道的正常使用以及附近河堤、建筑、农田等免受水害。

调治建筑物的建筑材料,应因地制宜,就地取材,一般可用轻亚黏土、亚黏土、砂砾土、砾石或卵砾石、片石等砌筑,而不宜用重黏土、粉砂、淤泥、盐渍土或有机质的土壤填筑。调治建筑物应进行分层夯实或压实。常用的防护类型有:种草、铺草皮、干砌片石、浆砌片石、铁丝石笼、抛石等。浆砌片石是一种抗冲性能较好的防护工程,石料宜选用较坚硬、耐冻、未风化的片石,一般需采用10~15cm厚的砂砾、卵石或碎石垫层。当护坡较长时，每隔10～15m应设置伸缩缝，并在对应的基础上设置沉降缝，缝宽一般为2cm，以沥青麻絮或沥青板条填塞。

调治建筑物是以改变水流方向为主的水工建筑物，它能调节水流，整治河道，使水流均匀顺畅地通过桥孔，以防止桥位附近的河床和河岸产生不利变形，从而保证桥梁墩台和桥头引道的正常使用以及附近农田免受洪水的危害。实践表明，桥梁所遭受的水害不少是由于忽视了调治建筑物的布设而引起的。合理地布置桥梁调治建筑物，不仅能起到保桥护路的作用，而且能为治河、保田等创造有利条件。一般情况下，变迁性河段、游荡性河段、宽滩性河段及冲积漫流性河段必须设置调治建筑物，而稳定性河段及次稳定河段在两岸漫溢流量大或河滩河槽受到较大压缩时，应对引道进行必要的防护。各类调治建筑物既可单独设置，也可联合设置，设计时各种调治建筑物的布置、形式和尺寸均应结合河流特征、水文、地形、地质、河滩引道和水利设施等因素综合考虑、确定。

(6) 增加桩基加固法

在改扩建桥梁需要提升荷载等级，或者既有桥梁的基础由于冲刷、碰撞等原因导致承载能力不足时，或者在大江大河上的桥梁，实施抗冲刷防护难度大时，在原桩的周围，补充增加新的桩基础，并通过增设承台或系梁的方式使新旧桩基共同受力，从而提升了基础的整体承载能力、稳定性，此类加固方式称为增加桩基加固法。其余技术要求同第3章的"基础加固法"。

4 地震导致的桥墩倾斜案例

4.1 工程概况

某高速公路A段是陕西至甘肃的一段高速公路,全长91km,总投资66.96亿元,于2009年9月26日建成通车。该公路采用全封闭、全立交、双向四车道高速公路标准建设,设计时速80km/h。1号大桥(图4-1)修建于2007年,桥梁全长208m,上部结构型式为5×40m装配式预应力混凝土组合箱梁。大桥为整体式路基,桥面全宽为24.5m。下部结构型式为双柱式墩,灌注桩基础,其中2号墩(图4-2)墩高25.72m,为本桥最大墩高。2号、3号墩采用墩梁固结,其余墩台采用板式橡胶支座。桥梁设计荷载等级为公路-Ⅰ级。

图4-1 桥梁概貌　　　　　　　　图4-2 2号墩现状

2013年7月22日,甘肃定西岷县与漳县交界处发生6.6级地震,震后桥位所在地区连降大雨。在震后公路养护单位组织的检测中发现,该桥左、右幅2号墩身下部出现环形裂缝,第二孔桥下,弃土堆发生向下的滑移。为进一步查明全桥的详细病害并分析病害原因,为下一步处置工作提供依据,业主委托专业单位于2013年9月5日至11日对全桥进行了专项检测,专业单位编制了该桥的专项检测报告。

4.2 检测要点

4.2.1 检测目的

通过对现有桥梁的专项检测拟达到以下目标:
(1) 了解桥梁所处地理位置、地质情况、目前存在的病害,综合推演其病害的成因，从而对桥梁的实际技术状态进行评价，为加固设计提供依据。

（2）建立桥梁技术档案，为业主单位今后的桥梁养护工作提供依据。

4.2.2 检测工作内容

4.2.2.1 左、右幅2号墩附近滑坡体情况

本桥横跨V形沟，桥梁建成后，为恢复当地的耕地，在桥梁的第一、第二跨的桥下及两侧进行了填土，填土最大高度约10m，纵桥向宽度约50m，横桥向宽度约150m。经核查地质钻孔，可知强风化泥岩与弱风化泥岩地层界线距离原地面线深度约10m。滑坡发生后在距离1号墩大桩号侧约5m处发现一条横向地裂缝，地裂缝最大宽度约20cm（图4-3），裂缝两侧地面高差最大约40cm（图4-4），根据滑坡顶面地裂缝的走向，可以判定滑移方向与桥梁路线前进大致呈30°～40°（图4-5）。在发现2号墩的病害及滑坡后，管养单位根据相关单位出具滑坡处理的图纸，对第二跨桥下的填土进行挖除，对滑坡体进行卸载，并在V形沟底设置直径4m的钢波纹管管涵，在管涵上填土，对滑坡体进行反压回填，现场检测发现，由于受桥下乡村路的影响，反压回填顶面实际处于距离2号墩系梁顶以下约2m处。

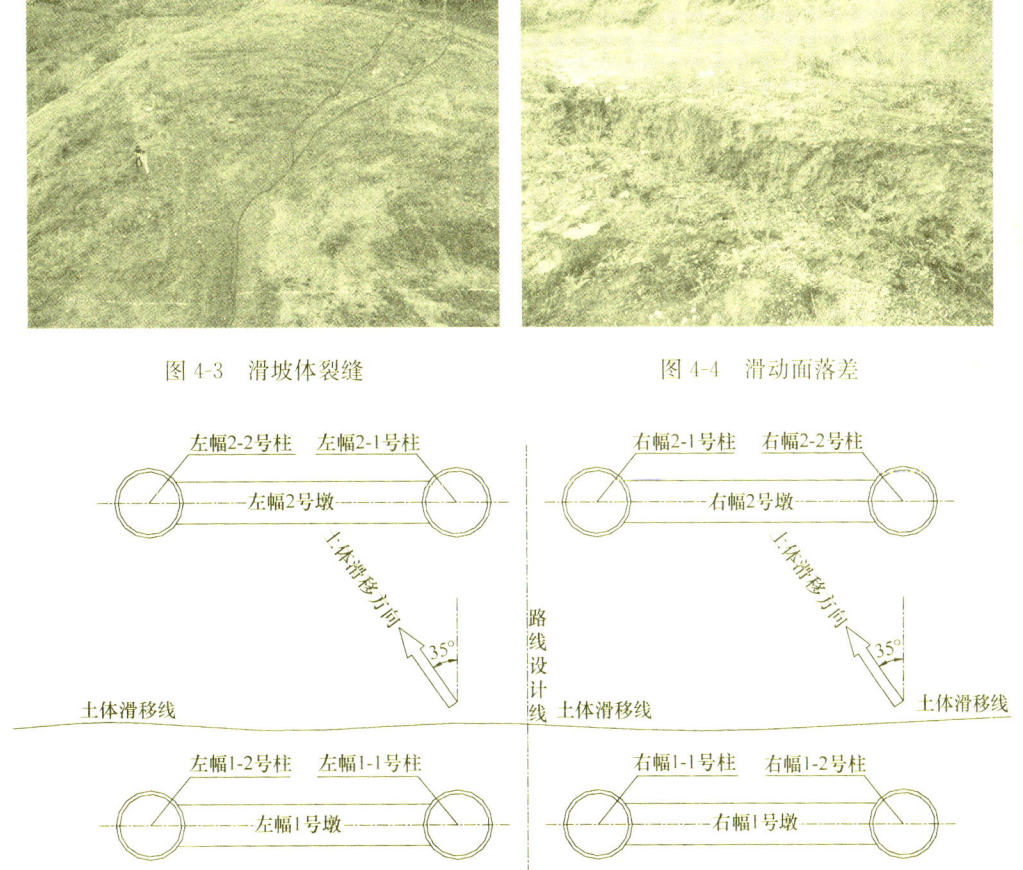

图4-3 滑坡体裂缝　　　　　　图4-4 滑动面落差

图4-5 滑坡体滑移方向示意图

4.2.2.2 左幅桥桥梁现状

（1）桥面铺装

距 0 号台 20m 处桥面沥青混凝土铺装破损且积水，共计 1 处，$S=150cm \times 50cm$（图 4-6）；5 号台台后搭板处路面横向开裂，搭板左侧路面破损、轻微沉陷，$S=200cm \times 30cm$（图 4-7）。

图 4-6　桥面铺装破损坑槽、积水　　　　图 4-7　搭板处路面开裂、沉陷

（2）伸缩缝

0 号台台顶伸缩缝局部混凝土破损、露筋（图 4-8）；5 号台台顶伸缩缝堵塞（图 4-9）。

图 4-8　0 号台台顶伸缩缝局部混凝土　　　图 4-9　5 号台台预伸缩缝堵塞
　　　　处破损、露筋

（3）排水设施

全桥泄水孔完好。

（4）栏杆、护栏

外侧防撞墙及内侧波形护栏未发现明显病害。

（5）锥坡、护坡

0 号台台前护坡中央分隔带处被雨水冲刷，填土流失，$V=400cm \times 800cm \times 50cm$（图 4-10）；0 号占锥坡杂草丛生（图 4-11）。5 号台锥坡及相接处路基边坡出现滑塌（图 4-12），$S=2000cm \times 2000cm$，护坡出现滑移、推挤（图 4-13）；浆砌片石挡墙出现

6 条竖向裂缝（图 4-14），裂缝长度在 1.5~2m 之间，最大裂缝宽度 5cm；5 号台台前护坡左侧部分区域被水冲刷，填土流失，$V=200\text{cm}\times200\text{cm}\times30\text{cm}$；5 号台台前护坡中央分隔带处被水冲刷，填土流失，$V=500\text{cm}\times200\text{cm}\times50\text{cm}$（图 4-15）。

图 4-10　0 号台台前护坡填土流失

图 4-11　0 号台锥坡杂草丛生

图 4-12　5 号台锥坡滑塌、六棱块滑移推挤

图 4-13　5 号台锥坡相接处路基边坡滑塌

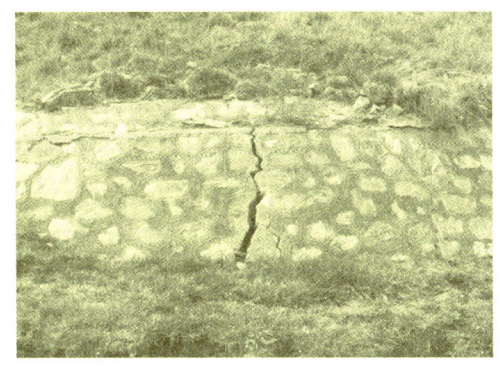

图 4-14　5 号台锥坡挡墙竖向裂缝

图 4-15　5 号台台前护坡填土流失

(6) 上部结构

① 上部承重构件

混凝土主梁出现了混凝土破损、露筋等病害，个别腹板及底板相交位置出现了水渍、锈迹（图 4-16、图 4-17）。具体病害见表 4-1。

表 4-1　上部承重构件主要病害统计表

序号	构件位置描述	病害状况描述	照片
1	第 2 跨 4 号梁距 1 号墩 6m 处翼缘板	混凝土破损，S＝40cm×20cm	—
2	第 2 跨 2 号梁距 1 号墩 5m 处翼缘板	混凝土破损，S＝30cm×20cm	—
3	第 2 跨 3 号梁距 2 号墩 5m 处翼缘板	混凝土破损露筋，S＝30cm×30cm	—
4	第 2 跨 4 号梁距 1 号墩 2m 处底板、腹板	水渍、锈迹，S＝200cm×20cm	图 4-16
5	第 5 跨 2 号梁距 4 号墩 8m 处腹板、底板	渗水、泛白	图 4-17

图 4-16　底板水渍、锈迹

图 4-17　腹板渗水、泛白

② 上部一般承重构件

2 号墩墩顶横隔板小桩号侧出现横向、竖向裂缝（图 4-18～图 4-22），横向裂缝最大宽度 1.5mm，裂缝宽度超过限值，其余横隔板未发现明显病害，详见表 4-2。

表 4-2　箱梁横隔板主要病害统计表

序号	位置描述	病害状况描述	照片
1	2 号墩墩顶 1 号、2 号梁间小桩号侧横隔板，距离盖梁顶面 0.3m	1 条横向裂缝，裂缝长度 1.4m，裂缝宽度 0.15mm	图 4-18
2	2 号墩墩顶 1 号、2 号梁间小桩号侧横隔板，靠近盖梁顶面	3 条竖向裂缝，裂缝长度 0.3m，裂缝宽度 0.05～0.15mm	图 4-18
3	2 号墩墩顶 2 号、3 号梁间小桩号侧横隔板，距盖梁顶面 0.45m	1 条横向裂缝，裂缝长度 1.5m，裂缝宽度 0.5mm	图 4-19
4	2 号墩墩顶 2 号、3 号梁间小桩号侧横隔板，靠近盖梁顶面	1 条竖向裂缝，裂缝长度 0.5m，裂缝宽度 0.05～0.15mm	图 4-19
5	2 号墩墩顶 3 号、4 号梁间小桩号侧横隔板，距盖梁顶面 0.1m	1 条横向断续裂缝，裂缝长度 1.7m，裂缝宽度 1.5mm	图 4-20、图 4-21

2 号墩墩顶横隔板小桩号侧病害图见图 4-22。

图4-18　横隔板横向及竖向裂缝（1号、2号梁）　图4-19　横隔板横向及竖向裂缝（2号、3号梁）

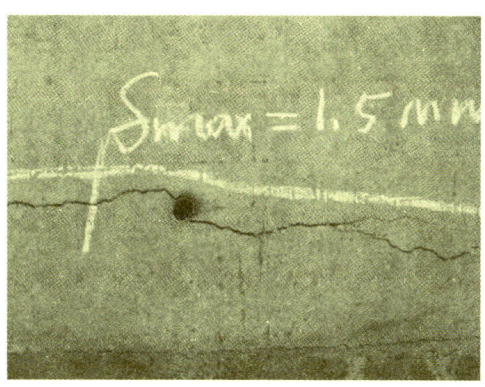

图4-20　横隔板横向裂缝（1.7m长）　　　图4-21　横隔板横向裂缝（1.5m宽）

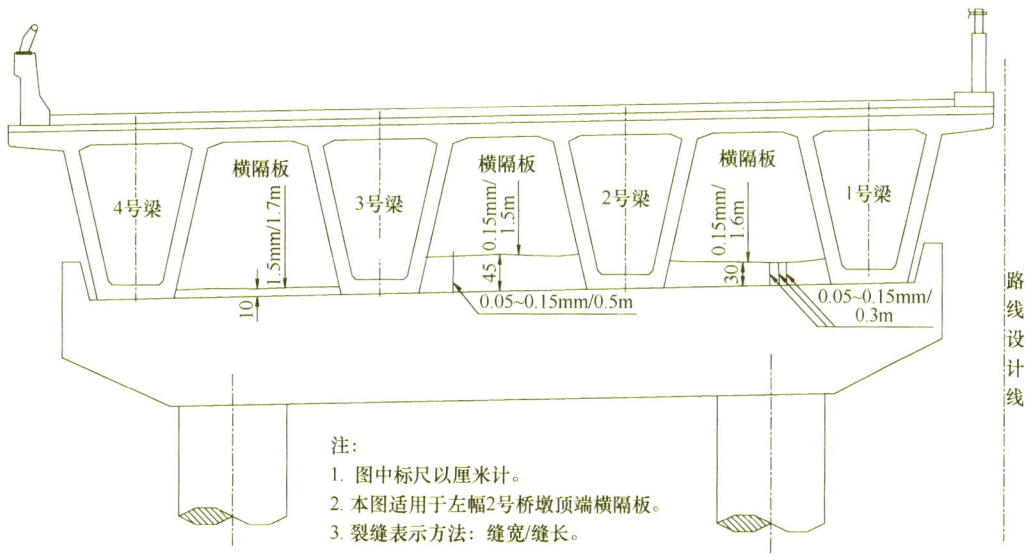

图4-22　2号墩墩顶横隔板小桩号侧病害图

（7）支座

检测发现，部分支座存在纵桥向大桩号方向和横桥向左侧的轻微剪切变形、个别支座存在脱空、老化现象（图4-23～图4-30）。详见表4-3。

表4-3 支座主要病害统计表

序号	构件位置描述	病害状况描述	照片
1	0号台1号支座	轻微纵向剪切变形	图4-23
2	0号台4号支座	向大桩号方向错位1/4	图4-24
3	1号墩墩顶大桩号侧3号支座	老化、外鼓	图4-25
4	1号墩墩顶大桩号侧6号支座	完全脱空	图4-26
5	1号墩墩顶除大桩号侧3号、6号支座外的其余支座	纵向、横向轻微剪切变形	图4-27
6	5号台第2号、4号、7号支座	纵向剪切变形10°～15°	图4-28、图4-29、图4-30

图4-23 0号台1号支座轻微剪切变形

图4-24 0号台4号支座纵向错位

图4-25 1号墩大桩号侧3号支座老化、外鼓

图4-26 1号墩大桩号侧6号支座完全脱空

图 4-27 1号墩支座轻微剪切变形

图 4-28 5号台支座剪切变形（2号支座）

图 4-29 5号台支座剪切变形（4号支座）

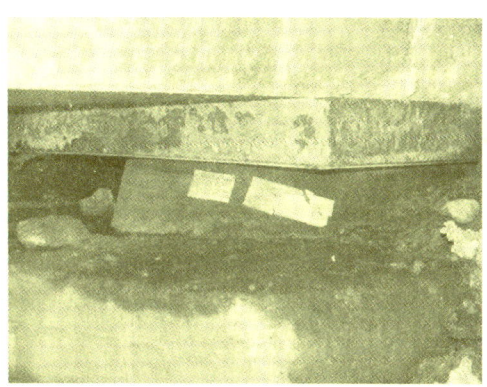
图 4-30 5号台支座剪切变形（7号支座）

(8) 下部结构

① 桥墩

a. 2号墩1号柱顶距离盖梁底 1.89m 范围内，小桩号侧外侧 1/4 圆周，共计 7 条环向裂缝，裂缝长度在 2.0～2.7m 之间，裂缝宽度在 0.05～0.2mm 之间；2号墩1号柱底距离系梁顶 4.39m 范围内，大桩号侧半圆，共计 16 条环向裂缝，裂缝长度在 2.4～3.1m 之间，裂缝宽度在 0.05～1.5mm 之间，其中宽度最大的 2 条裂缝距离系梁顶分别为 0.76m、1.04m（图 4-31）。

b. 2号墩2号柱顶距离盖梁底 2.51m 范围内，小桩号侧外侧 1/4 圆周，共计 8 条环向裂缝，裂缝长度在 2.0～3.1m 之间，裂缝宽度在 0.05～0.2mm 之间，其中宽度最大的 2 条裂缝距离盖梁底分别为 0.14m、0.75m；2号墩2号柱底距离系梁顶 3.5m 范围内，大桩号侧半圆周，共计 9 条环向裂缝，裂缝长度在 2.5～3.0m 之间，裂缝宽度在 0.3～3.0mm 之间，其中宽度最大的 2 条裂缝距离系梁顶分别为 0.6m、1.2m（图 4-32）。

c. 2号墩1号墩大桩号侧，距桩顶 0.5m 处，1 条环向裂缝，裂缝长度 1.3m，裂缝宽度 0.1～0.15mm（图 4-33～图 4-35）；2号墩大桩号侧，距桩顶 0.68m 处，1 条环向裂缝，裂缝长度 0.1～0.15mm；2号墩大桩号侧，距桩顶 0.8m 处，3 条断续环向裂缝，裂缝长度分别为 0.6m、0.8m、0.5m，裂缝宽度 0.05~0.15mm（图 4-36~图 4-39）；2 号墩与系梁大桩号侧接合处，1 条竖向裂缝，裂缝长度 1.2m，裂缝宽度 0.1~0.2mm。

d. 2 号墩系梁大桩号侧，1 条斜向裂缝，裂缝长度 0.6m，裂缝宽度 0.05~0.15mm；小桩号侧 1 条竖向裂缝，裂缝长度 1m，裂缝宽度 0.15~0.2mm；小桩号侧 1 条斜向裂缝，裂缝长度 0.7m，裂缝宽度 0.05~0.3mm，（图 4-40）。

e. 4 号墩处边坡陡峭，高差约 12m，有从附近山坡上引流下来的水流冲刷，导致土体出现裂缝、塌落（图 4-41~图 4-42）。

图 4-31　2 号墩 1 号柱顶部环向裂缝

图 4-32　2 号墩 2 号柱顶部环向裂缝

图 4-33　2 号墩 1 号柱底部环向裂缝

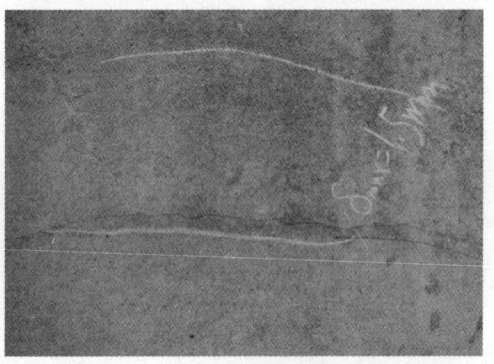
图 4-34　2 号墩 1 号柱底部环向裂缝

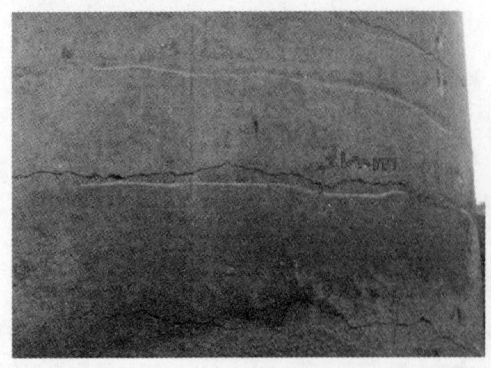
图 4-35　2 号墩 1 号柱底部环向裂缝

图 4-36　2 号墩 2 号柱底部环向裂缝（一）

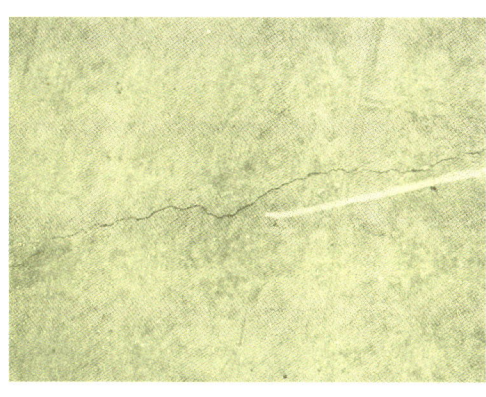
图 4-37　2 号墩 2 号柱底部环向裂缝（二）

图 4-38　2 号墩 2 号柱环向裂缝

图 4-39　2 号墩 2 号基桩与系梁大桩号
　　　　接合处竖向裂缝

图 4-40　2 号墩系梁大桩号侧斜向裂缝

图 4-41　4 号墩处边坡被水冲刷开裂（一）

图 4-42　4 号墩处边坡被水冲刷开裂（二）

因墩柱底部环向裂缝较宽，因此对其中最宽的裂缝进行了裂缝深度测量，测量结果为 13.5cm。与前期相关单位 2013 年 8 月 9 日出具的检测报告对比，裂缝的长度、宽度、数量、深度均有显著增加。

2 号墩小桩号、大桩号侧病害情况如图 4-43、图 4-44 所示。

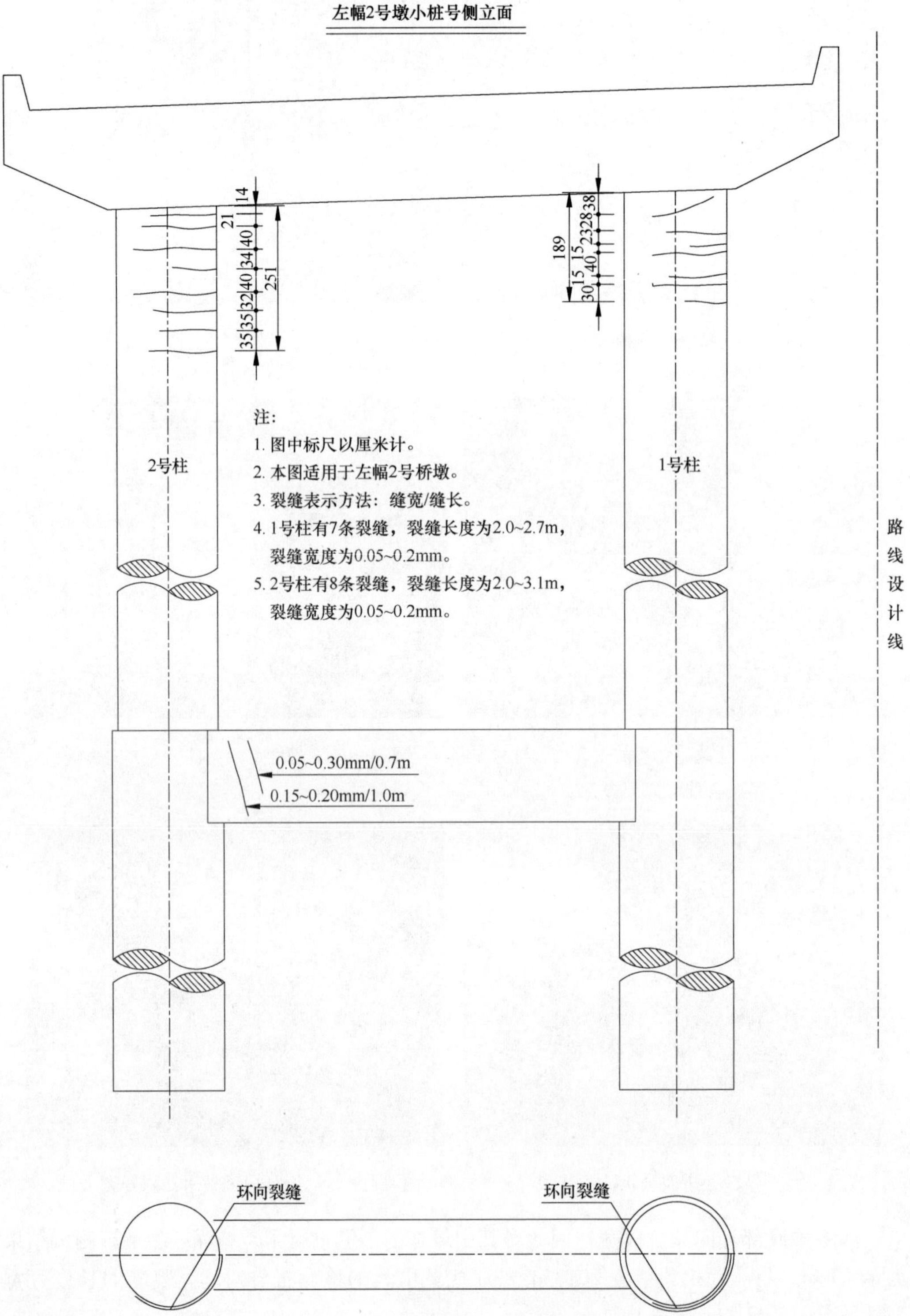
左幅2号墩小桩号侧立面
14
21
40
34
40
32
35
35
251
189
38
28
23
15
15
40
30
15
注:
1. 图中标尺以厘米计。
2. 本图适用于左幅2号桥墩。
3. 裂缝表示方法：缝宽/缝长。
4. 1号柱有7条裂缝，裂缝长度为2.0~2.7m，裂缝宽度为0.05~0.2mm。
5. 2号柱有8条裂缝，裂缝长度为2.0~3.1m，裂缝宽度为0.05~0.2mm。
2号柱
1号柱
路线设计线
0.05~0.30mm/0.7m
0.15~0.20mm/1.0m
环向裂缝
环向裂缝

图 4-43　2 号墩小桩号侧病害图

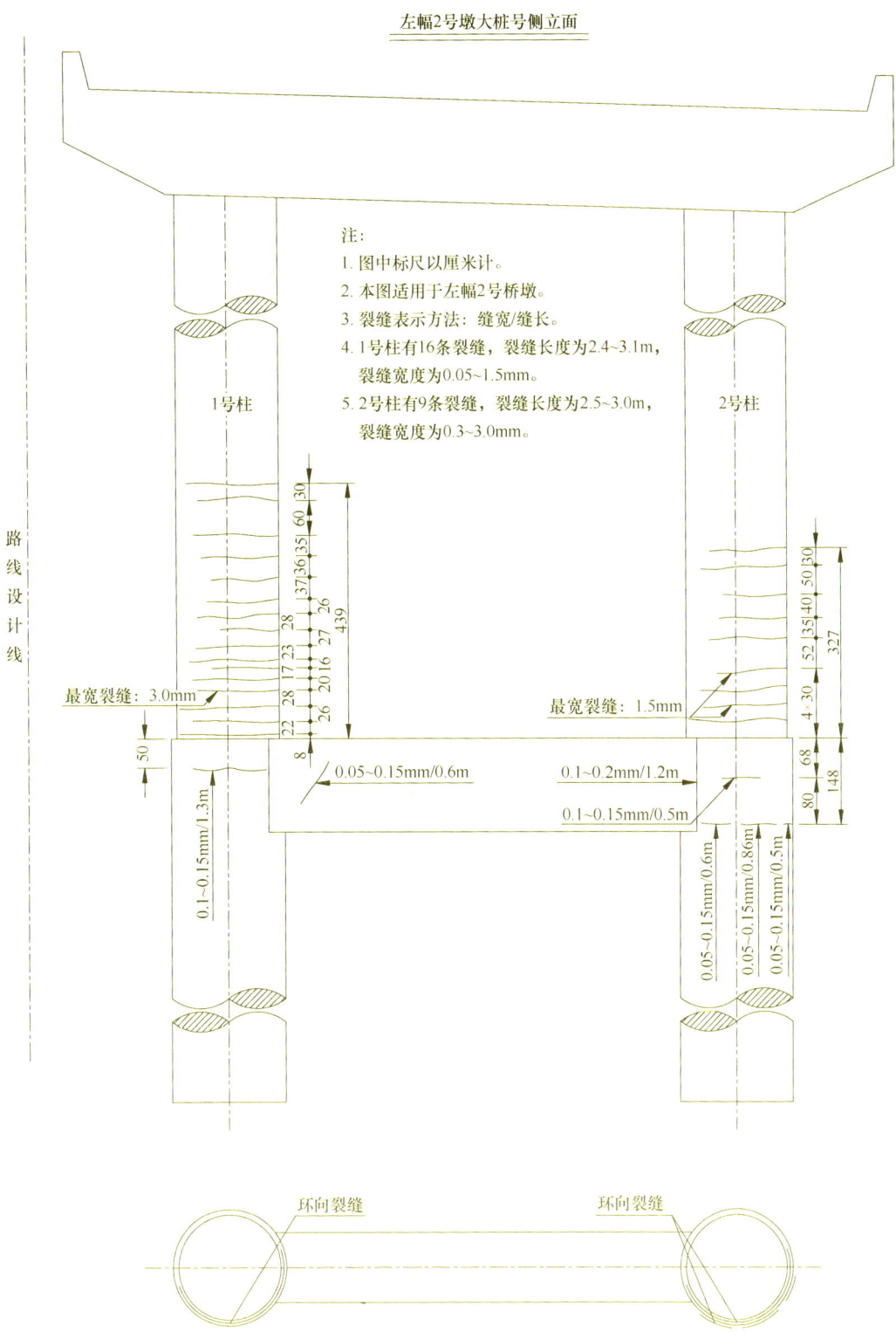

图 4-44　2号墩大桩号侧病害图

② 桥台

0 号、5 号台台帽上方砂石堆积（图 4-45、图 4-46）。

图 4-45　0 号台台帽上方砂石堆积　　　　图 4-46　5 号台台帽上方砂石堆积

4.2.2.3　右幅桥桥梁现状

（1）伸缩缝

0 号台伸缩缝橡胶条整体开裂，外侧填塞（图 4-47～图 4-48）；5 号台伸缩缝填塞，约 5.5m 范围未设置伸缩缝钢板条，采用沥青填塞，其余部分伸缩缝钢板顶死（图 4-49～图 4-50）。

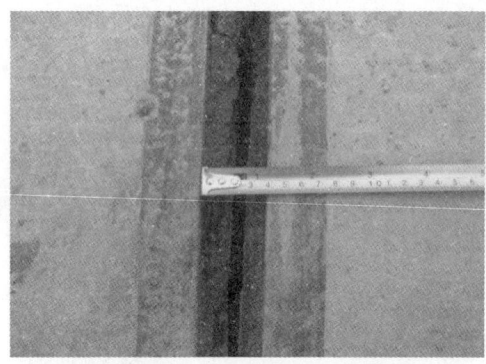 

图 4-47　0 号台伸缩缝整体张拉开裂　　　　图 4-48　0 号台伸缩缝外侧填塞

图 4-49　5 号台伸缩缝填塞及钢板顶死　　　　图 4-50　5 号台约 5.5m 范围未设置伸缩缝

(2) 锥坡、护坡及栏杆、护栏

0号台外侧锥坡堆积大量泥土（图4-51）；0号台处外侧护栏钢构件变形严重，底部断裂（图4-52）。

图4-51 0号台锥坡堆积大量泥土

图4-52 0号台处外侧护栏钢构件变形严重，底部断裂

(3) 上部结构

① 上部承重构件

上部承重构件主要病害为腹板水平裂缝，裂缝宽度0.05～0.1mm；翼缘板、腹板、底板存在渗水泛白、蜂窝麻面；翼缘板混凝土破损露筋；腹板存在修补痕迹；腹板网裂等，具体见表4-4。

表4-4 上部承重构件主要病害统计表

序号	构件位置描述	病害状况描述	照片
1	第2跨1号梁内侧腹板，小桩号侧距跨中横隔板0.5m，距底板0.5m处	水平向裂缝且渗水、泛白，裂缝长度1m，裂缝宽度0.05～0.1mm	图4-53
2	第2跨1号梁靠近2号墩底板通气孔	渗水、泛白	图4-54
3	第2跨2号梁内侧腹板，小桩号侧，距跨中横隔板1m处	渗水、泛白	图4-55
4	第2跨2号梁底板，距2号墩4m处	蜂窝、麻面	图4-56
5	第2跨2号梁底板，距3号墩9m处	渗水、泛白	图4-57
6	第3跨2号梁右侧腹板，距2号墩18m处	渗水、泛白，$S=100cm \times 20cm$	图4-58
7	第3跨3号梁左侧腹板，距3号墩9m处	渗水、泛白，$S=50cm \times 50cm$	图4-59
8	第3跨3号梁左侧翼缘板，距2号墩7m处	混凝土破损露筋，$S=40cm \times 40cm$	图4-60
9	第4跨1号梁右侧腹板小桩号侧，距跨中横隔板1m，距底板0.25m处	修补痕迹，水平向裂缝，裂缝长度1.5m，裂缝宽度0.05mm	图4-61
10	第4跨4号梁左侧腹板，距4号墩8m处	修补痕迹，$S=1000cm \times 100cm$	图4-62
11	第5跨1号梁跨中处左侧腹板	渗水、泛白，钢筋锈胀，$S=200cm \times 100cm$	图4-63
12	第5跨2号梁跨中处腹板	两处网裂，$S=50cm \times 20cm$；$S=100cm \times 40cm$	图4-64
13	第5跨2号梁外侧腹板，距4号墩10m，距底板0.2m处	断续水平向裂缝，裂缝长度12m，裂缝宽度0.05mm	图4-65

续表

序号	构件位置描述	病害状况描述	照片
14	第5跨3号梁外侧腹板,距4号墩10m、距底板0.2m处	断续水平向裂缝,裂缝长度10m,裂缝宽度0.05mm	—
15	第5跨3号梁内侧翼缘板,距4号墩10m处	渗水、泛白	图4-66
16	第5跨4号梁外侧腹板,距4号墩10m处	修补痕迹	—

图4-53 腹板水平向裂缝且渗水、泛白

图4-54 底板通气孔渗水、泛白

图4-55 内侧腹板渗水、泛白

图4-56 底板蜂窝麻面

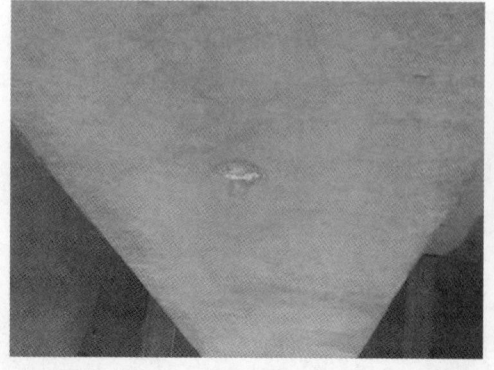

图4-57 底板渗水、泛白

图4-58 右侧腹板渗水、泛白

图 4-59　左侧腹板渗水、泛白

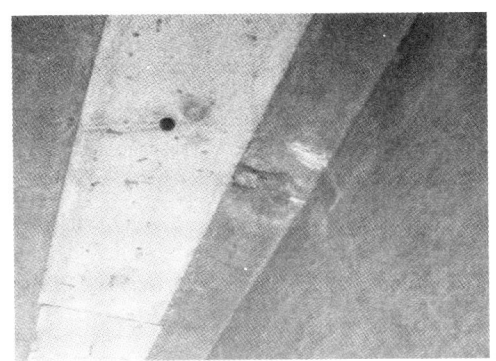

图 4-60　翼缘板混凝土破损、露筋

图 4-61　右侧腹板修补痕迹

图 4-62　左侧腹板修补痕迹

图 4-63　腹板渗水、泛白，钢筋锈胀

图 4-64　腹板网裂

图 4-65　腹板水平向裂缝

图 4-66　翼缘板渗水泛白

② 上部一般承重构件

第2跨3、4号梁间跨中横隔板底面混凝土破损、露筋；2号墩墩顶2号横隔板大桩号侧与腹板相接处渗水、泛白。2号墩墩顶横隔板小桩号侧出现横向、斜向裂缝，横向裂缝最大宽度为2mm，裂缝宽度超过限值；3号墩墩顶2号横隔板小桩号侧与腹板相接处渗水、泛白；第5跨2、3号梁间中横隔板底面混凝土破损、露筋。其余横隔板未发现明显病害，详见表4-5。

表 4-5 箱梁横隔板主要病害统计表

序号	位置描述	病害状况描述	照片
1	第2跨3、4号梁间跨中横隔板底面	混凝土破损、露筋	图4-67
2	2号墩墩顶2号横隔板大桩号侧与腹板相接处	渗水、泛白	图4-68
3	2号墩小桩号侧1号横隔板，距盖梁顶0.55m处	横向贯通裂缝，裂缝长度1.4m，裂缝宽度1.5mm	图4-69
4	2号墩小桩号侧1号横隔板，距盖梁顶0.65m处	2条斜向裂缝，裂缝长度均为0.5m，裂缝宽度0.1~0.2mm	图4-70
5	2号墩小桩号侧2号横隔板，距盖梁顶0.5m处	横向贯通裂缝，裂缝长度1.45m，裂缝宽度1.5mm	图4-71、图4-72
6	2号墩小桩号侧3号横隔板，距盖梁顶0.15m处	横向贯通裂缝，裂缝长度1.7m，裂缝宽度2mm	图4-73、图4-74
7	3号墩墩顶2号横隔板小桩号侧与腹板相接处	渗水、泛白	图4-75
8	第5跨2、3号梁间中横隔板底面	混凝土破损、露筋	图4-76

2号墩墩顶横隔板小桩号侧病害如图4-77所示。

图 4-67 中横隔板混凝土破损、露筋

图 4-68 横隔板与腹板相接处渗水、泛白

图 4-69　横隔板横向、斜向裂缝

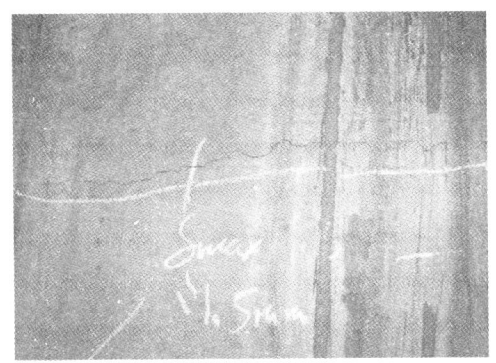
图 4-70　横隔板横向裂缝（一）

图 4-71　横隔板横向裂缝（二）

图 4-72　横隔板横向裂缝（三）

图 4-73　横隔板横向裂缝（四）

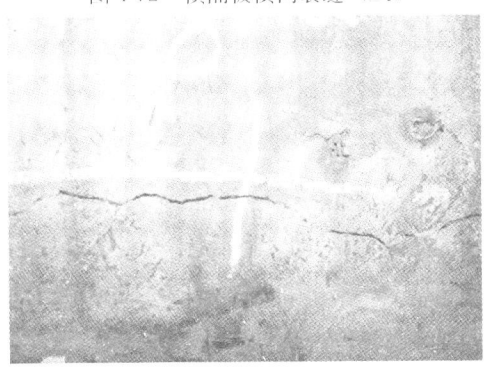
图 4-74　横隔板横向裂缝（五）

图 4-75　横隔板与腹板相接处渗水、泛白

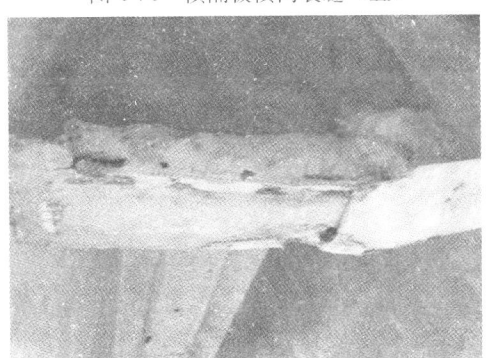
图 4-76　横隔板底面混凝土破损、露筋

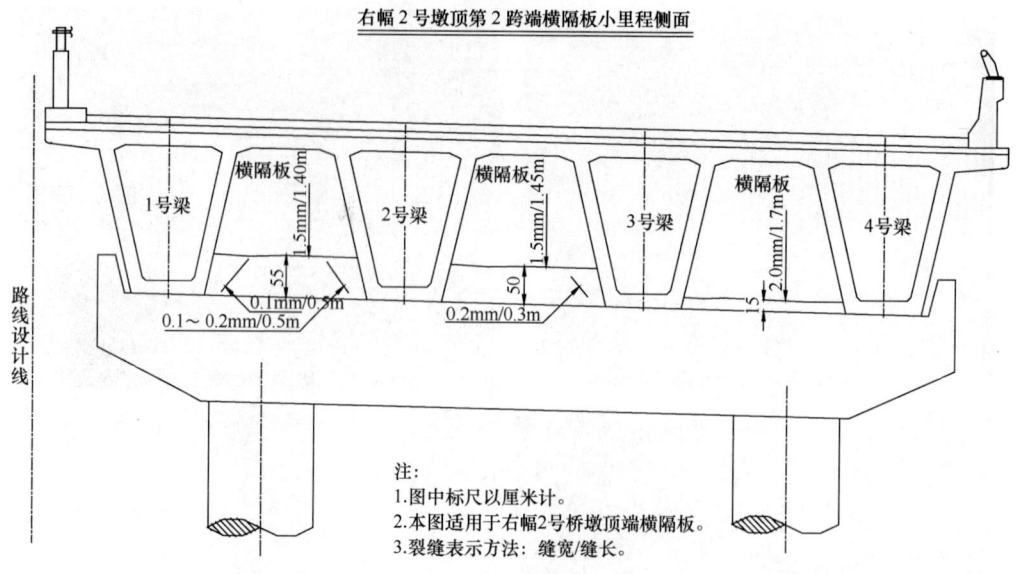

图 4-77 2号墩墩顶横隔板小桩号侧病害图

（4）支座

检测发现，大部分支座存在纵桥向大桩号方向和横桥向左侧的剪切变形；部分支座存在错位、外鼓现象；部分支座存在被砂石包裹，详见表4-6。

表 4-6 支座主要病害统计表

序号	构件位置描述	病害状况描述	照片
1	0号台1号支座	纵向错位12cm	图4-78
2	1号墩小桩号侧支座	不同程度纵向剪切变形，其中1号支座剪切变形较严重且外鼓	图4-79～图4-82
3	1号墩大桩号侧3号支座	向大桩号侧错位1/3	图4-83
4	1号墩大桩号侧4～8号支座	不同程度的纵向剪切变形	图4-84
5	4号墩小桩号侧5、6号支座	轻微纵向剪切变形	图4-85
6	4号墩大桩号侧1～5号支座	轻微纵向剪切变形	图4-86
7	4号墩大桩号侧6号支座	挤压变形	图4-87
8	5号台1～4号梁底支座	被砂石包裹	图4-88、图4-89
9	5号台6号支座	支座纵向剪切变形	图4-90
10	5号台8号支座	向小桩号方向错位7cm	图4-91

图 4-78 0号台1号支座纵向错位

图 4-79 1号墩1号支座剪切变形且外鼓

4 地震导致的桥墩倾斜案例

图 4-80　1 号墩小桩号侧支座剪切变形（一）

图 4-81　1 号墩小桩号侧支座剪切变形（二）

图 4-82　1 号墩小桩号侧支座剪切变形（三）

图 4-83　1 号墩大桩号侧 3 号支座错位

图 4-84　1 号墩大桩号侧支座不同程度剪切变形

图 4-85　4 号墩小桩号侧支座轻微剪切变形

图4-86　4号墩大桩号侧支座轻微剪切变形

图4-87　4号墩大桩号侧6号支座挤压变形

图4-88　5号台1~4号支座被砂石包裹

图4-89　5号台1~4号支座被砂石包裹

图4-90　5号台6号支座剪切变形

图4-91　5号台8号支座错位

(5) 下部结构

① 桥墩

a. 2号墩1号柱顶距离盖梁底1.55m范围内，小桩号侧1/2圆周，共计6条环向裂缝，裂缝长度在2.4~2.8m之间，裂缝宽度在0.05~0.15mm之间 2号墩1号柱底距离系梁顶 4.23m 范围内,大桩号侧半圆周,共计 14 条环向裂缝,裂缝长度在 2.7~3.1m 之间,裂缝宽度在 0.15~2.0mm 之间,其中宽度最大的 1 条裂缝距离系梁顶 0.68m。

b. 2 号墩 2 号柱顶距离盖梁底 1.48m 范围内,小桩号侧外侧 1/4 圆周,共计 7 条环向裂缝,裂缝长度在 2.0~2.8m 之间,裂缝宽度在 0.05~0.2mm 之间;2 号墩 2 号柱底距离系梁顶 2.85m 范围内,大桩号侧半圆周,共计 13 条环向裂缝,裂缝长度在 2.7~3.0m 之间,裂缝宽度在 0.05~2.0mm 之间,其中宽度较大的 6 条裂缝在距离系梁顶 2m 范围内。

c. 2 号墩系梁小桩号侧,2 条斜向裂缝,距 1 号柱 1.03m,其中 1 条裂缝上下贯通且延伸至系梁顶面 0.5m,裂缝长度分别为 2.2m、1.0m,裂缝宽度分别为 1.5~3.0mm、1.0~2.0mm;大桩号侧 3 条斜向裂缝,分别距 1 号柱 0.2m、1.2m,裂缝长度分别为 0.5m、2.0m、1.6m,裂缝宽度分别为 0.15mm、2.0~4.0mm、2.0~4.0mm,其中 1 条裂缝延伸至系梁顶面 1.0m。

上述情况如图 4-92~图 4-109 所示。

图 4-92 2 号墩 1 号柱顶与盖梁相接处环向裂缝

图 4-93 2 号墩 1 号柱顶环向裂缝

图 4-94 2 号墩 1 号柱顶环向裂缝

图 4-95 2 号墩 1 号柱底环向裂缝(一)

图4-96 2号墩1号柱底环向裂缝（二）
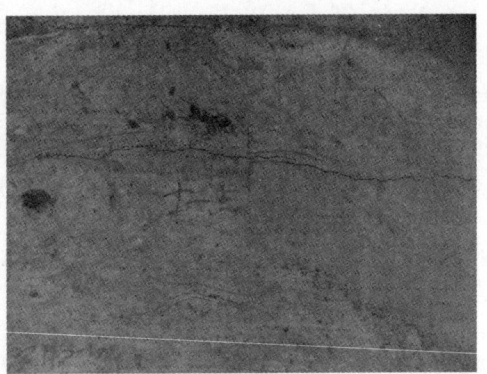
图4-97 2号墩1号柱底环向裂缝（三）

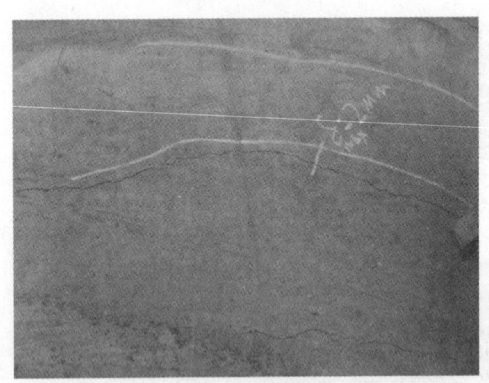
图4-98 2号墩1号柱底环向裂缝（四）

图4-99 2号墩1号柱底环向裂缝（五）

图4-100 2号墩2号柱顶环向裂缝（一）

图4-101 2号墩2号柱顶环向裂缝（二）

图 4-102　2 号墩 2 号柱底环向裂缝（一）　　图 4-103　2 号墩 2 号柱底环向裂缝（二）

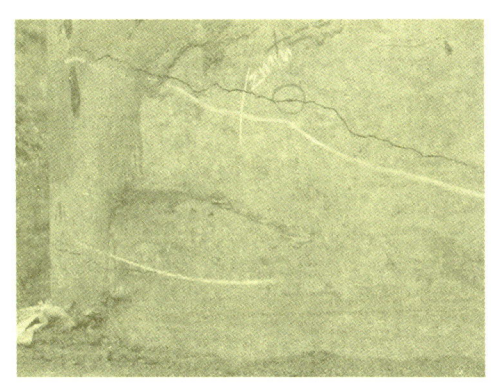 

图 4-104　2 号墩 2 号柱底环向裂缝（三）　　图 4-105　2 号墩 2 号基桩环向裂缝

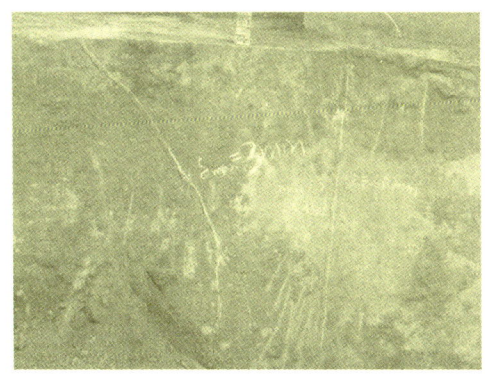 

图 4-106　2 号墩系梁小桩号侧斜向裂缝（一）　　图 4-107　2 号墩系梁小桩号侧斜向裂缝（二）

图 4-108 2号墩系梁大桩号侧斜向裂缝（一）　　图 4-109 2号墩系梁大桩号侧斜向裂缝（二）

因墩柱底部环向裂缝较宽，因此对其中最宽的裂缝进行了裂缝深度测量，测量结果为 22.1cm。与前期相关单位 2013 年 8 月 9 日出具的检测报告对比（表4-7），裂缝的长度、宽度、数量、深度均有显著增加。

表 4-7 2号墩柱病害对比一览表

序号	裂缝对比项目	前期病害状况描述	此次检测病害状况描述
1	1号柱裂缝数量	1号柱共10条	1号柱共14条
2	1号柱裂缝长度	1号柱裂缝长度最长 2.8m	1号柱裂缝长度最长 3.1m
3	1号柱裂缝宽度	1号柱裂缝宽度最大为 2mm，共 1 条，其余裂缝宽均在1mm以下	1号柱裂缝宽度最大为 2mm，共1条，但其余裂缝宽在1mm以上的发展为5条
4	1号柱裂缝深度	1号柱裂缝深度最大为 69.1mm	1 号柱裂缝深度最大为 221mm
5	2号柱裂缝数量	2号柱共 11 条	2号柱共 12 条
6	2号柱裂缝长度	2号柱裂缝长度最长的共一条为 3m，较长的裂缝一条为 2.6m，其余裂缝长度均在 2m 以下	2号柱裂缝长度最长 3m，裂缝长度大于 2m 的为 7 条
7	2号柱裂缝宽度	2号柱裂缝宽度最大为 2.14mm，共 1 条，3 条裂缝宽在1mm 左右	2号柱裂缝宽度最大为 2mm，其余裂缝宽在 2mm 左右的为 6 条
8	2号柱裂缝深度	2号柱裂缝深度最大为 77.9mm	2号柱裂缝深度最大为 117mm

2号墩小桩号侧、大桩号侧病害如图 4-110、图 4-111 所示。

② 桥台

0 号、5 号台台帽上方砂石堆积。

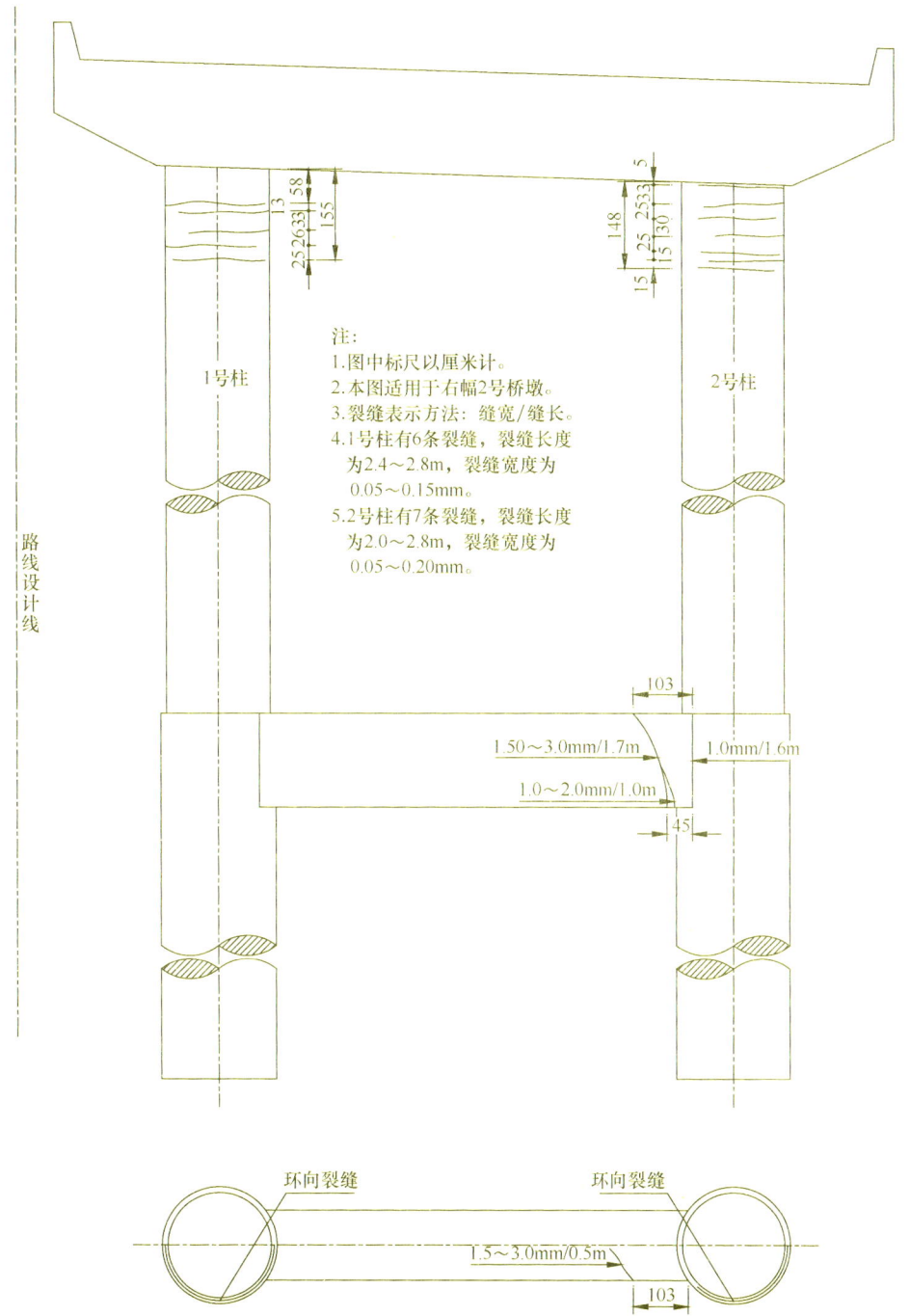

图 4-110 2号墩小桩号侧病害图

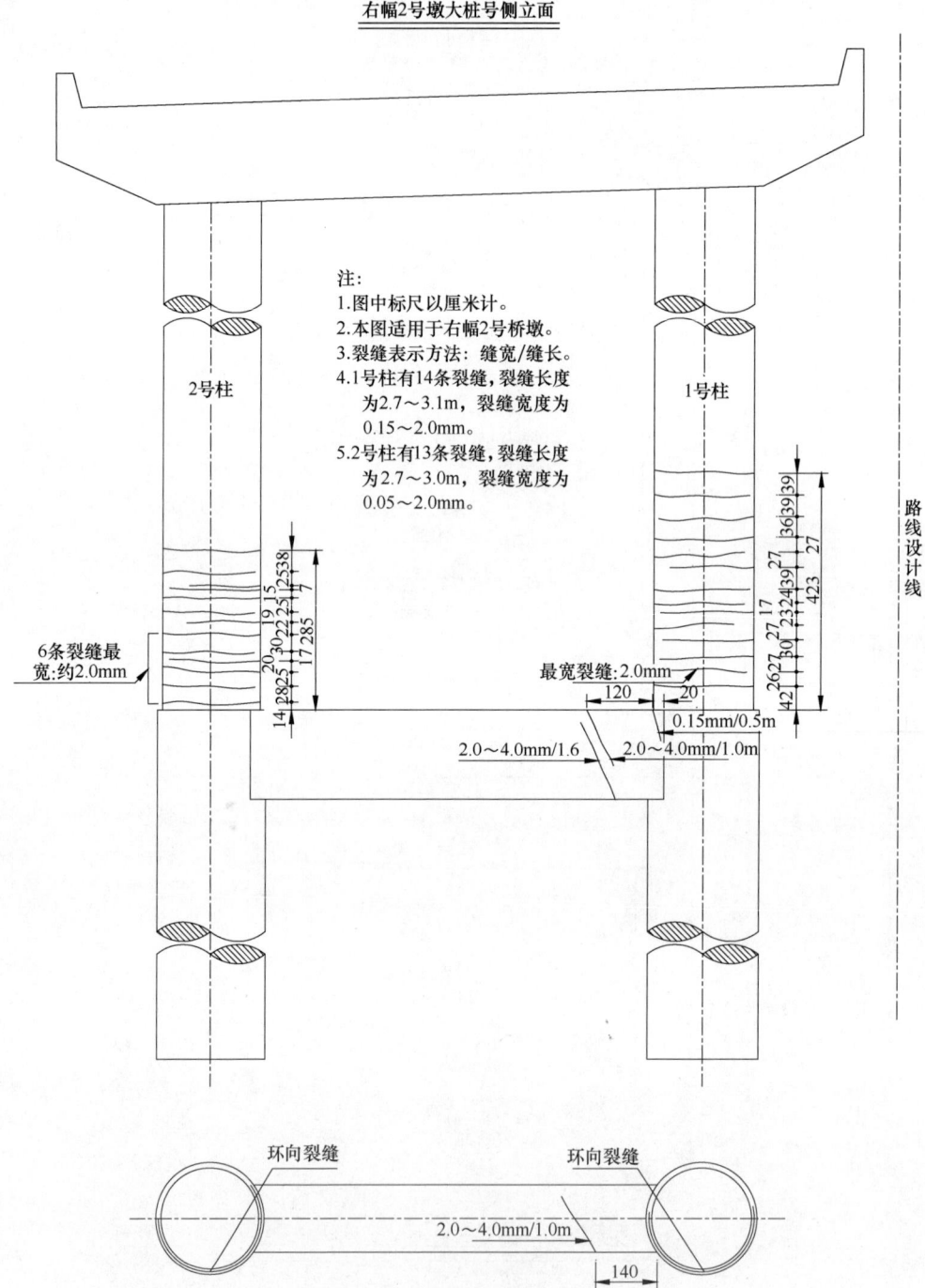

图 4-111 2号墩大桩号侧病害图

4.2.2.4 桥梁平面线位测量及桥墩竖向偏位测量

由于左、右幅2号墩墩顶横隔板、墩身及系梁病害严重,因此对该桥平面线位及桥墩竖向偏位进行了测量。

(1) 桥梁平面线位测量结果（图 4-112、表 4-8）

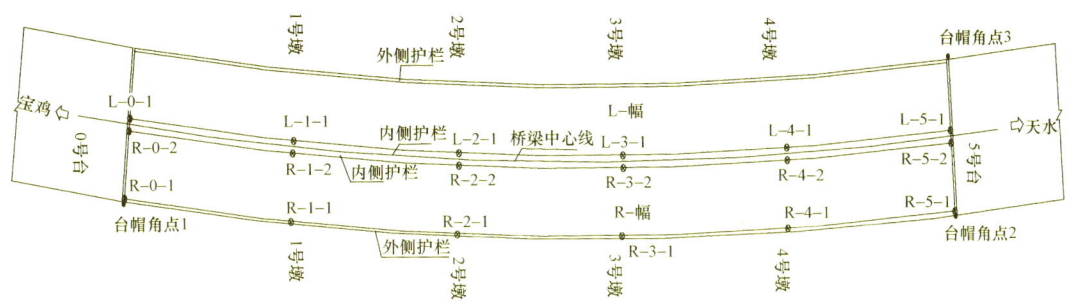

图 4-112 桥梁平面线位测点布置图

表 4-8 桥梁平面线位测量结果表

位置	测点编号	实测相对坐标		位置	测点编号	实测相对坐标		位置	测点编号	实测相对坐标	
		x (m)	y (m)			x (m)	y (m)			x (m)	y (m)
左幅	L-0-1	−66.500	−63.830	右幅	R-0-1	−56.961	−72.299	右幅	R-0-2	−65.000	−65.180
	L-1-1	−40.590	−33.200		R-1-1	−30.620	−41.154		R-1-2	−39.130	−34.540
	L-2-1	−16.130	−1.750		R-2-1	−5.900	−9.380		R-2-2	−14.520	−2.910
	L-3-1	7.030	30.580		R-3-1	17.3	22.980		R-3-2	8.720	29.510
	L-4-1	28.915	63.854		R-4-1	39.467	56.696		R-4-2	30.611	62.807
	L-5-1	49.550	98.080		R-5-1	60.550	91.601		R-5-2	51.260	97.070

注：1. 由于现场无坐标放样基准点，桥梁平面位置确定如下：通过 0 号、5 号桥台台帽角点 1、2、3 三点坐标确定坐标平面，已知本桥处于半径 $R=1000$m 的圆曲线上，绘出桥梁平面图。
2. 测点布设于桥面左、右幅墩台顶护栏内侧，采用全站仪测量出各测点相对于由台帽角点所确定的平面坐标系的相对坐标值，并绘出图示。
3. 由于左幅桥梁单边双向通行，过往车辆较多，因此未设置外侧测点。

结论：测量结果表明，横桥向最大偏位约 2.5cm（图 4-113～图 4-115），出现在左、右幅 4 号墩顶处，其余桥墩横桥向偏位均在 1cm 左右。考虑到施工误差并结合现场对

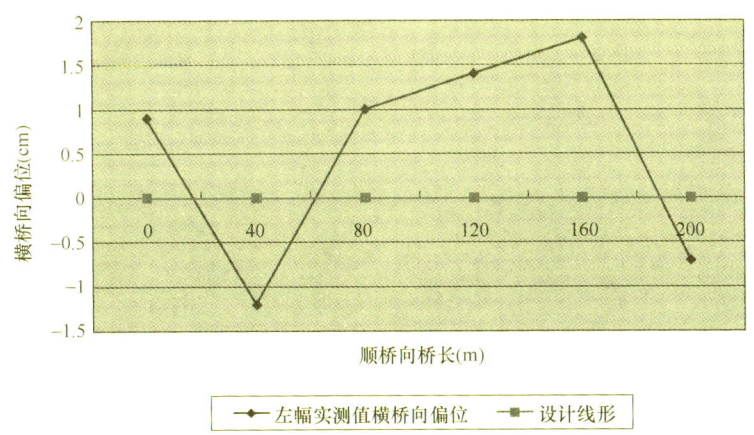

图 4-113 左幅桥梁平面线位内侧测点测量结果图

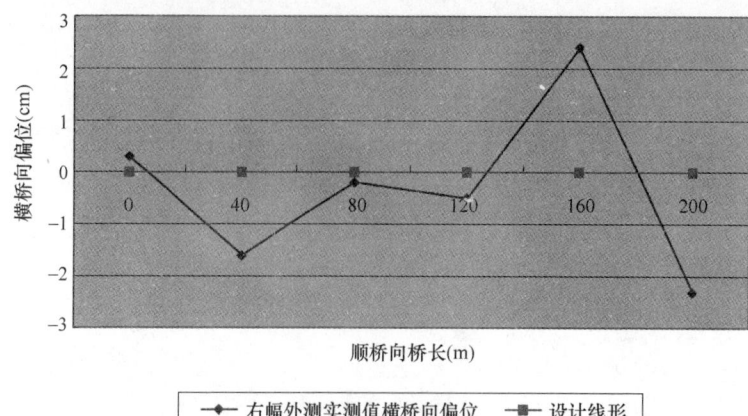

图 4-114 右幅桥梁平面线位外侧测点测量结果图

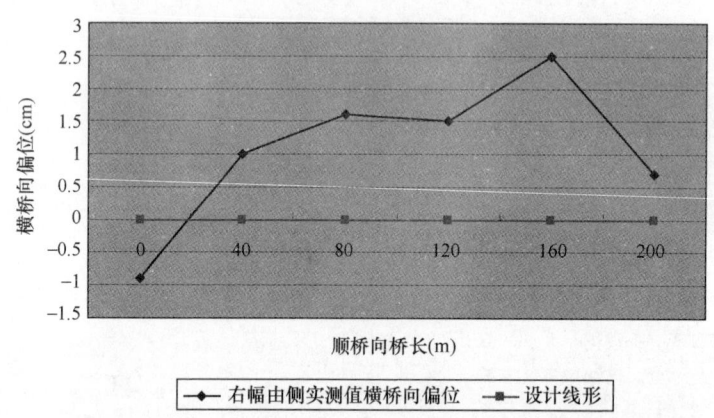

图 4-115 右幅桥梁平面线位内侧测点测量结果图

挡块与箱梁间接触情况的检测，未发现挡块有顶死、开裂及箱梁腹板开裂的现象，推测横桥向偏位较小，对上部结构影响不大。

现场检测发现，左幅 0 号台伸缩缝拉开，宽度约 4cm，5 号台伸缩缝已顶死，且左幅桥为下坡路段，故推测，左幅桥上部箱梁纵向有轻微滑移。

(2) 桥梁 2 号墩垂直度测量结果

因无受损前观测资料，桥墩竖直度按《公路工程质量检验评定标准 第 1 册 土建工程》(JTG F80/1) 中 8.6.1 中的规定（$0.3\%H$ 且不大于 20mm）来进行对比。为保证桥墩偏位测量结果准确，本次测量采用全站仪及铅锤测量两种测量方法，两种测量结果如下（表 4-9～表 4-10）：

表 4-9　全站仪法测量结果表　　　　　　　　　　(cm)

项目	左幅		右幅	
	2 号墩 2 号柱	2 号墩 1 号柱	2 号墩 1 号柱	2 号墩 2 号柱
顺桥向偏位	23.8	23.1	13.9	11.7
横桥向偏位	10.5	9.5	7.8	8.3

表 4-10　铅锤法测量结果表　　　　　　　　　　　　（cm）

项目	左幅		右幅	
	2号墩2号柱	2号墩1号柱	2号墩1号柱	2号墩2号柱
顺桥向偏位	23	25	17	15

注：采用铅锤垂吊测量，风横向吹动会造成铅锤轻微晃动，测量结果存在一定误差。

根据墩柱垂直度测量结果，左、右幅2号墩墩柱柱顶最大纵桥向偏位为23.8cm，最大横桥向偏位为10.5cm，偏位值超出规范限值。桥墩偏位方向如下（图4-116～图4-117）。

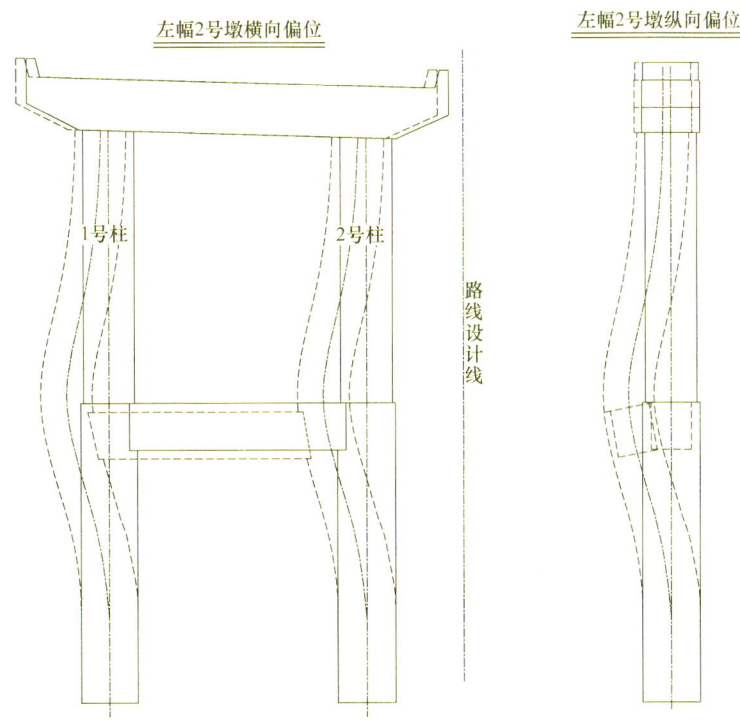

图 4-116　左幅2号墩纵、横向偏位示意图

4.2.2.5　特殊检测结果

（1）结构构件材质强度检测结果

本次混凝土强度采用超声回弹综合法测试，根据实际情况及检测频率要求，选取典型结构构件进行测试。箱梁选取的4个构件中，4个评定标度为1；墩柱选取的4个构件中，4个评定标度均为1。具体测试结果分析见表4-11。

表 4-11　混凝土超声回弹综合测试法测试结果

序号	构件名称	回弹换算强度平均值（MPa）	平均强度均匀系数 K_{bm}	超声综合法强度推定值（MPa）	推定强度均匀系数 K_{bt}	评定标度	设计值
1	左幅第1跨箱梁底板	68.0	1.36	57.8	1.16	1	50
2	左幅第1跨箱梁腹板	61.0	1.22	54.4	1.09	1	50

续表

序号	构件名称	回弹换算强度平均值（MPa）	平均强度均匀系数 K_{bm}	超声综合法强度推定值（MPa）	推定强度均匀系数 K_{bt}	评定标度	设计值
3	左幅1号墩	36.8	1.47	34.4	1.38	1	25
4	左幅2号墩	39.7	1.59	36.0	1.44	1	25
5	右幅第1跨箱梁底板	65.5	1.31	59.5	1.19	1	50
6	右幅第1跨箱梁腹板	60.6	1.21	54.8	1.10	1	50
7	右幅1号墩	38.2	1.53	29.4	1.18	1	25
8	右幅2号墩	39.1	1.56	34.1	1.36	1	25

注：由于《超声回弹综合法检测混凝土抗压强度技术规程》（T/CECS 02—2020）适用混凝土的龄期为7～2000d，1号大桥主桥混凝土龄期已超过2000d，因此检测数据仅供参考。

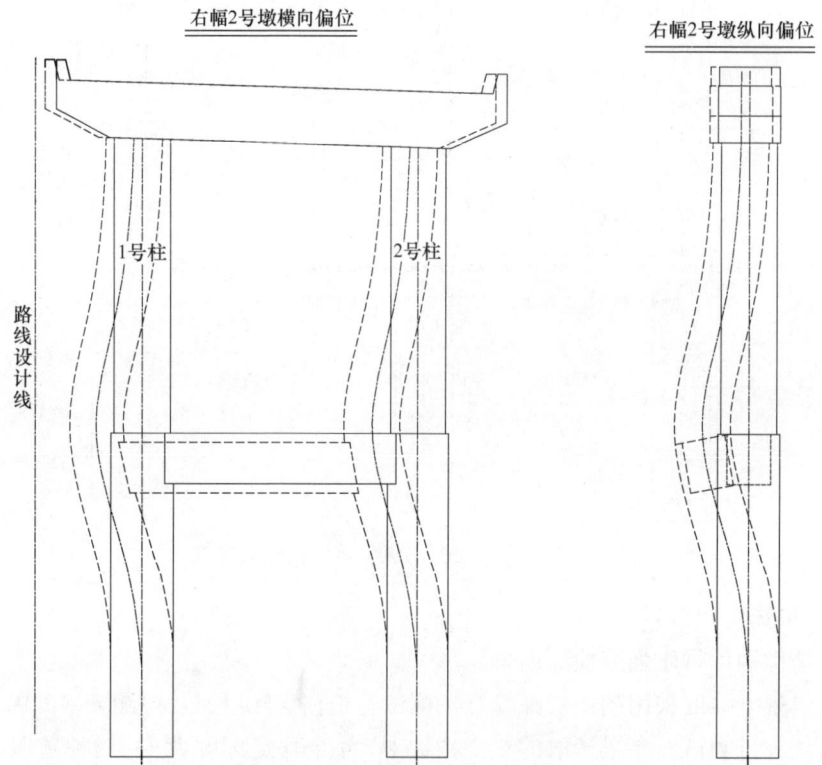

图4-117 右幅2号墩纵、横向偏位示意图

从测试结果来看，箱梁选取的4个构件中，4个评定标度为1；墩柱选取的4个构件中，4个评定标度均为1。该桥混凝土强度状况较好。

（2）混凝土结构钢筋分布状况及保护层厚度检测结果

本次检测采用电磁无损检测方法，根据要求选择测试构件进行检测，并将检测结果与设计保护层厚度进行对比分析。具体测试结果分析见表4-12。

表 4-12 测区及保护层厚度检测结果表

序号	测试位置	保护层厚度范围 (mm)	平均厚度值 D_n (mm)	评定标度	设计值 (mm)
1	右幅 2 号墩 1 号柱	59	59	1	45
2	左幅 2 号墩 2 号柱	46~57	51	1	37
3	右幅 2 号墩 2 号柱	54~69	61.3	1	37
4	右幅 2 号墩 1 号柱	43	43	1	45
5	左幅 2 号墩 2 号柱	60	60	1	37
6	左幅 2 号墩 1 号柱	25~48	39.7	4	45
7	右幅 3 号墩 2 号柱	68	68	1	37
8	右幅 2 号墩 2 号柱	35~38	37	2	37
9	右幅 3 号墩 1 号柱	53~60	57	1	37
10	右幅 3 号墩 1 号柱	43~61	55.5	1	37
11	左幅 3 号墩 1 号柱	52~58	54.5	1	37
12	左幅 3 号墩 1 号柱	65~68	66.5	1	37
13	左幅 3 号墩 2 号柱	51~55	53.3	1	45
14	左幅 3 号墩 2 号柱	29~33	30.2	3	37

从测试结果来看，墩柱保护层测试的 14 组数据中，11 个评定标度为 1，1 个评定标度为 2，1 个评定标度为 3，1 个评定标度为 4。根据混凝土保护层厚度对结构钢筋耐久性的影响评判标准，测区实测保护层厚度评定标度大于 2 的占 14.2%，其中评定标度为 4 的占 7.1%，对结构钢筋耐久性有较大的影响。

4.3 病害原因分析

4.3.1 地震扰动堆土引起滑坡

本桥横跨 V 形沟，桥梁建成后，为恢复当地的耕地，在桥梁的第一、第二跨的桥下及两侧进行了填土，填土最大高度约 10m，纵桥向宽度约 50m，横桥向宽度约 150m。经核查地质钻孔，可知强风化泥岩与弱风化泥岩地层界线距原地面线深度约 10m。由于受 2013 年 7 月 22 日定西地震的作用，使得土体松动，受震后连续降雨的影响，处于 V 形沟边坡上的强风化泥岩在雨水的浸润下发生软化，在强风化与弱风化泥岩交界面或强风化与填土交界面均易形成滑动面，导致土体向沟底滑移。滑坡发生后在距离 1 号墩大桩号侧约 5m 处发现一条横向地裂缝，地裂缝最大宽度约 20cm，裂缝两侧地面高差最大约 40cm，根据滑坡顶面地裂缝的走向，可以判定滑移方向与桥梁路线前进大致呈 30°～40°角度（图 4-118）。在发现 2 号墩的病害及滑坡后，管养单位根据相关单位出具滑坡处理的图纸对第二跨桥下的填土进行挖除，对滑坡体进行卸载，并在 V 形沟底设置直径 4m 的钢波纹管管涵，在管涵上填土，对滑坡体进行反压回填。现场检测发现，由于受桥下乡村路的影响，反压回填顶面实际处于距离 2 号墩系梁顶以下约 2m 处。

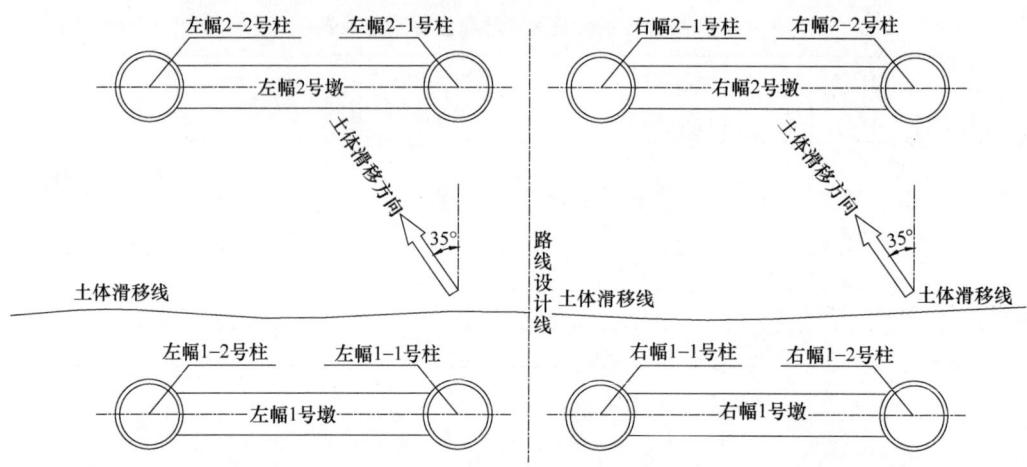

图 4-118　滑坡位置及方向示意图

4.3.2　桥梁下部结构偏位

桥墩为双柱式桥墩，上接盖梁，盖梁和上部箱梁固结，桥墩桩基为嵌岩桩，嵌入弱风化泥岩约 5m，由于桥墩墩身较高（约 25m），桥墩墩身下部被嵌入岩体的桩基约束，墩身上部被刚度较大的梁体约束，墩身整体为上下固结的框架结构。在与路线前进方向呈 30°～40°斜向的滑坡体土压力的作用下，墩身横桥向发生向路线前进方向左侧的变形，由于土压力的横桥向分力相对较小，故横桥向偏位亦较小；纵桥向发生"S"形的变形（图 4-119），由于土压力的纵桥向分力相对较大，故墩身下部与土压力作用位置

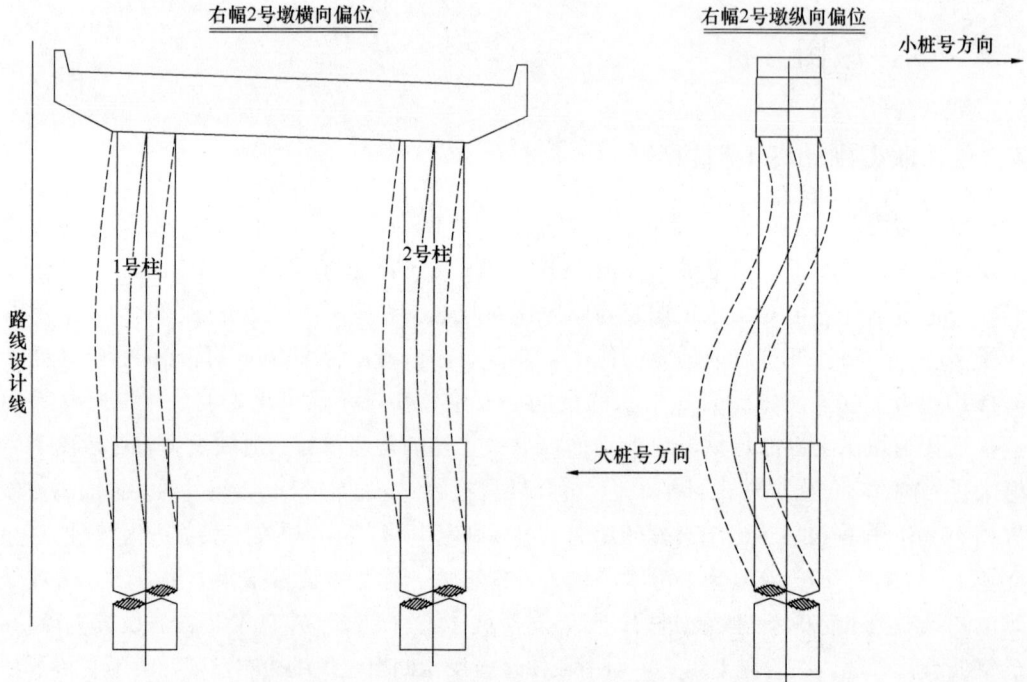

图 4-119　左幅桥 2 号墩受滑坡作用后变形示意图

较近处产生较大的向大桩号方向的变形，墩身上部受梁体约束，产生向小桩号方向较小的变形。

4.3.3 桥梁上部结构偏位

测量结果表明，横桥向最大偏位约 2.5cm，出现在左、右幅 4 号墩顶处，其余桥墩横桥向偏位均在 1cm 左右。考虑到施工误差并结合现场对挡块与箱梁间接触情况的检测，未发现挡块有顶死、开裂及箱梁腹板开裂的现象，故分析认为，在滑坡体土压力的作用下，上部结构横桥向偏位较小，对上部结构影响不大。

现场检测发现，左幅 0 号台伸缩缝拉开，宽度约 4cm，5 号台伸缩缝已顶死，且左幅桥为下坡路段，故分析认为，在滑坡体土压力的作用下，左幅桥上部箱梁纵向有向大桩号方向的轻微滑移。

4.3.4 支座剪切变形

本桥 2 号及 3 号墩与上部梁体采用墩梁固结，其余墩台采用板式橡胶支座；在滑坡体土压力的推动、路线纵坡（向大桩号方向为下坡）及制动力的影响下，梁体发生向大桩号方向的偏位，造成支座向大桩号方向发生剪切变形；左幅 0 号伸缩缝被张拉开，5 号台伸缩缝顶死。在滑坡体土压力的推动及横坡的影响下（全桥处于圆曲线上，路线前进方向左侧低、右侧高），上部主梁产生向左侧的轻微偏位，造成支座发生横向剪切变形。

4.3.5 横隔板、墩身、系梁、基桩开裂

4.3.5.1 横隔板裂缝

2 号墩桥墩在滑坡体引起的强大水平荷载作用下，墩身呈"S"形变形，墩梁固结处小桩号侧混凝土受拉，而固结处桥墩盖梁及上部箱梁截面尺寸均远远大于横隔板截面尺寸，使得横隔板成为薄弱截面，横隔板混凝土应力超限，形成横向开裂。

4.3.5.2 墩身、系梁、基桩裂缝

滑坡体土压力作用于软弱地层上，引起土体侧向位移，对埋置于土体的系梁和桩基产生水平推力，使桩基出现侧向变形。受损区域的桥跨不跨越通航水域和道路，横向水平力可只考虑风荷载作用，经计算，横向风荷载远小于纵向水平力，墩身、桩基配筋是以纵向水平力控制。因此滑坡体土压力引起的水平荷载大于纵向水平荷载，造成桩基、墩柱承载力不足，造成偏位、开裂。

经核查，由于横向地形、地质及横坡的影响，墩身的高度均不相同，在滑坡体土压力的作用下，2 号墩的两根柱的纵向、横向偏位数值均不相同，造成连接两柱的系梁受到扭矩的作用，系梁呈现反对称的斜向开裂。

4.4 桥梁加固主要内容

为确保桥梁的安全运营和耐久性，必须对其加固。结合桥梁现阶段结构偏位、裂缝

分布、结构计算和其他病害等基本状况,提出以下加固目标及措施。

4.4.1 加固荷载标准

加固荷载:公路Ⅰ级。

4.4.2 加固目标

(1) 恢复受损桥墩的基桩承载力;
(2) 恢复桥墩刚度,保证墩柱稳定性及竖直度;
(3) 处置桥梁构件出现的裂缝;
(4) 更换局部构件,恢复使用功能。

4.4.3 加固修复措施

钢筋混凝土桩、柱的开裂影响基桩、墩柱的刚度和强度,墩柱倾斜影响下部结构稳定性和耐久性,必须加固处理。考虑到横桥向基桩和墩柱受损严重,需通过增设基桩及承台,形成排架桩,保证力向新桩的传递,提高桥墩整体纵向的刚度和强度的同时,也有利于提高横向承载力。

4.4.3.1 下部主体结构加固

(1) 对左、右幅 2 号墩顺桥向在原有桩基的两侧,在半幅桥桥梁中心线上,各增加一根直径 2.0m 的基桩,新增基桩通过新增的承台与原有桩基及系梁相连;新增的新旧桩间承台和系梁能有效地分配原桩竖向力(图 4-120)。

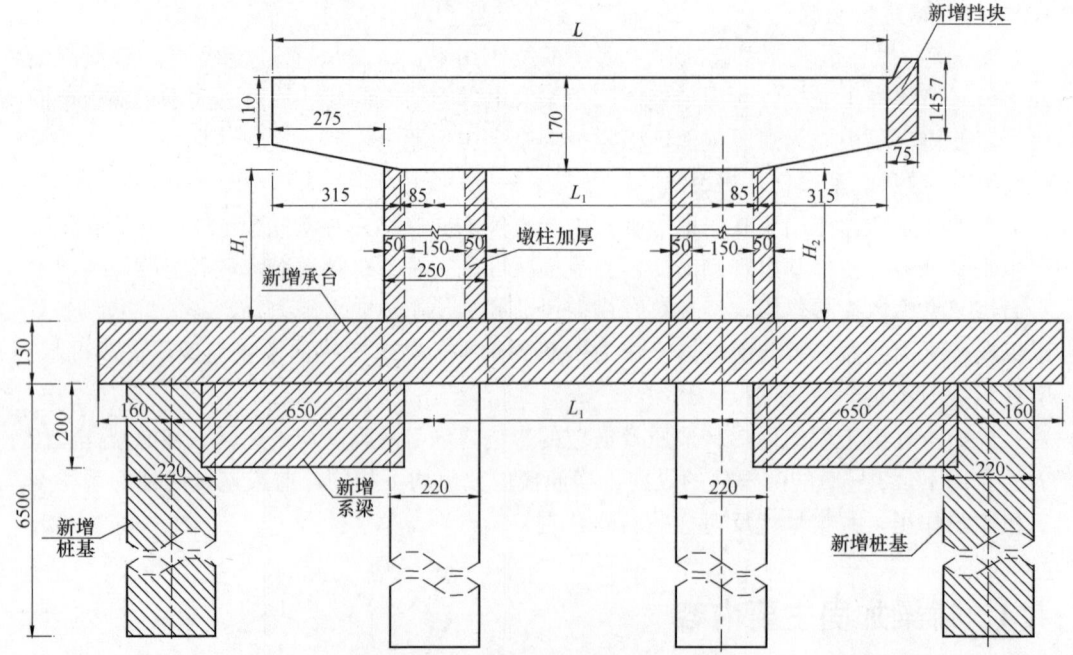

图 4-120 左、右幅 2 号桥墩加固示意图

(2) 对左、右幅 2 号桥墩双柱植筋后外包 30cm 厚（平均厚度）混凝土，同时需将倾斜度不满足要求的墩柱调直，这就存在沿墩身外包混凝土厚度不均的问题，施工前应仔细测量柱身各个方向倾斜值，在保证主筋最小保护层厚度的前提下，做好墩身模板的施工放样，保证加固完成，墩身竖直度满足规范要求。

4.4.3.2 裂缝处理

裂缝宽度≥0.15mm 的裂缝采用压浆法进行修补；宽度＜0.15mm 的裂缝采用封闭法进行修补。

4.4.3.3 垫实支座、更换伸缩缝或伸缩缝橡胶条

左幅 1 号墩墩顶大桩号侧 6 号支座完全脱空，应用钢板将其垫实。右幅 0 号台处伸缩缝橡胶条开裂，应对橡胶条进行更换；右幅 5 号台处伸缩缝完全顶死，失去使用功能，需拆除原伸缩缝预留槽内的混凝土，种植钢筋安装新伸缩缝，并保证伸缩缝钢板间缝隙宽度。对左幅桥 0 号台伸缩缝混凝土破损露筋处用聚合物水泥进行修补，对左幅桥伸缩缝填塞处进行清理。

4.4.3.4 混凝土破损区域修复

对横隔板及箱梁等部位的混凝土破损区域，用聚合物水泥进行修补。

4.4.3.5 修复护栏

对护栏的刚构件变形段，进行修复，恢复原形。

4.4.3.6 修复锥坡、护坡

对左幅 5 号台锥坡及衔接处路基边坡滑塌进行清理，重新碾压填实；对台前护坡被雨水冲刷掏空处进行填实。对左、右幅 4 号墩小桩号侧坡面采用浆砌片石护坡防护，并对水道进行改移，将水流引至增设的浆砌片石排水沟中。

4.4.3.7 修复桥面铺装

并对左幅桥桥面铺装及台后沉陷路面重新填实修复。

4.4.3.8 增设排水设施

在右幅桥右侧 0 号桥台处设置衔接路基边沟的浆砌片石排水沟，将路面积水引至第三跨桥下的沟底，在排水沟与桥下机耕道相交段设置盖板，以方便村民行走；在右幅桥 5 号台至 4 号墩右侧设置浆砌片石排水沟，将桥梁右侧山坡上的水流引至浆砌片石排水沟中，将水流引至第三跨桥下的沟底，并在排水沟与进出果园机耕道相交段设置盖板，以方便村民耕作，在坡度较大段设置急流槽。

4.5 加固效果分析

4.5.1 桥墩纵向承载力分析

计算桥墩纵向承载力按承载力极限状态作用效应组合计算，详见表 4-13。

表 4-13　加固前、后桥墩纵向承载力表

项目	位置	轴向力设计值 N (kN)	弯矩设计值 M (kN·m)	抗弯承载力 M_u (kN·m)	弯矩效应值 $N \times e$ (kN·m)	修正系数 Z_1	安全系数 $Z_1 \times M_u / N \times e$
加固前承载力	墩身	7449.8	3321.5	23280.0	9126.0	0.75	1.9
	桩基	7872.2	4383.4	17610.0	7872.0	0.75	1.7
加固后承载力	墩身	7876.3	3292.4	65260.0	10743.0	0.75	4.6
	老桩基	6896.0	2175.8	24780.0	6896.0	0.75	2.7
	新桩基	3566.6	2066.2	17020.0	3567.0	1	4.8

从表 4-13 可以看出，加固前后桩柱承载力均满足规范要求，加固后桩柱（原墩身主筋计算未考虑，作为安全储备）承载力均有所改善。

4.5.2　桥墩桩基承载力分析

本桥加固后，桩顶竖向力进行了重分配，新老桩基轴向设计荷载及轴向受压容许承载力见表 4-14。

表 4-14　加固后桩基竖向承载力表

项目	桩顶设计反力 (kN)	桩基轴向设计荷载 (kN)	单桩轴向受压容许承载力 (kN)	安全系数
老桩	5740.5	7565.2	13055.8	1.7
新加桩	2707.8	4190.3	10464.0	2.5

从表 4-14 可以看出，加固后桩基竖向承载力均满足规范要求。

4.6　本章小结

本案例桥墩的倾斜变形主要由于地震扰动墩侧弃土堆，土体滑动推动墩身桩基，引起墩身、主梁位移超限，引起一系列的结构病害。处置此类问题，重点和难点在于通过结构变形、裂缝形态、伸缩缝变形等因素，反演弃土堆对墩身桩基的土压力，通过反演模拟，找出结构现状受力现状，为结构有效加固提供参考。

5 堆载导致的桥墩倾斜案例

5.1 工程概况

某高速公路2007年2月竣工通车。2号高架桥右幅桥10号~18号墩之间桥跨布置为2×25m+3×25m+3×22m（图5-1），上部结构采用装配式部分预应力混凝土连续箱梁，下部结构桥墩采用桩柱式桥墩，基础为钻孔灌注桩。桥梁设计荷载：公路-Ⅰ级，本路段桥面宽度17.0~19.6m。

图5-1 桥梁概貌

2011年，桥梁管养单位巡查人员发现，2号高架桥右幅桥桥面伸缩缝处出现过大变形，该处防撞护栏混凝土破碎。经调查发现，受桥梁西侧巨型渣土堆积的影响，造成地基横移，邻近的5个桥墩（11号~15号墩）被挤压偏位，矩形墩身表面出现大量U形裂缝，最大宽度1.5mm；上部箱梁整体向外偏位最大约13cm（图5-2），个别挡块被挤

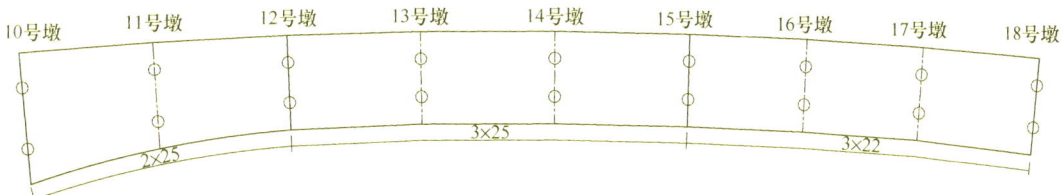

图5-2 受损区域桥梁平面布置示意图

压破损，支座剪切变形，对桥梁安全造成隐患。

经过行业主管部门、交警、路政、桥梁养护单位等部门紧急会议讨论，决定立即采取紧急措施对桥梁出险路段进行交通管制分流和疏导，启动应急预案，并组织省内外专家对桥梁进行安全评估，制定详细的应急处置方案，开展应急抢险工作。同时，桥梁管养单位委托专业单位进行桥梁专项检测，并进行加固维修设计。

5.2 检测要点

5.2.1 检测目的

通过对现有桥梁的专项检测拟达到以下目标：
(1) 全面掌握桥梁裂缝状况；
(2) 测量梁体相对于盖梁的偏位情况；
(3) 掌握盖梁、支座及挡块的受损状况；
(4) 抽检一个典型桩基（13号墩内侧墩柱），开挖后检测桩基开裂情况；
(5) 墩柱、桩基承载力评定；
(6) 提出对桥梁使用条件及加固维修的建议。

5.2.2 检测工作内容

5.2.2.1 桥梁外侧堆土情况

2011年6月9日管养单位在日常巡查过程中发现距桥墩约3m围墙外堆有废土，废土堆放高度3～6m，且围墙已倾斜变形（图5-3）。

据地形图测量资料，堆土范围为K14+945m～K15+080m路段。路段堆土长135m，堆土宽度一般40～70m，其中13号～14号墩堆土宽度达165m，堆土高度为4.0～6.0m，堆土方量约40000m³。堆土为人工弃填土，为杂填土，岩性为建筑砖块、碎石、黏土、淤泥质土等，饱水，易湿陷，密度大。

图5-3 桥梁内侧堆土情况

堆土活动于6月5日结束，堆土改变了原始地形。路段内侧堆载加荷后，下伏淤泥质土、泥炭质土产生侧向剪切力，导致下伏软弱土力学强度降低，发生塑流运动，该路段桥墩开裂变形。发现桥梁损伤后，相关单位对堆土移除，恢复原有地形（图5-4）。

5.2.2.2 地面变形情况

地表开裂变形，包括地表开裂、混凝土路面开裂、围墙开裂倒塌以及地面隆起。

地表开裂主要分布于12号~13号墩以及15号墩附近，变形迹象为地面裂缝。裂缝延伸长3~10m，最长15m，宽1~15cm，可见深10~30cm（图5-5~图5-6）。裂缝为剪切裂缝。

地表裂缝沿堆土区自围墙向桥墩方向延伸分布，裂缝集中发育在12号~13号墩以及15号墩附近。裂缝以堆土中心区为基点，呈扇形放射状展布，表明变形由堆土区产生，变形破坏方向由西侧向外，与桥梁走向中心部位垂直，边缘部位斜交。裂缝为剪切破坏。

图5-4 桥梁内侧现状

图5-5 地表裂缝

图5-6 地表开裂变形

5.2.2.3 上部结构现状

受损区域的桥梁上部结构为22m、25m装配式部分预应力混凝土连续箱梁，经检测，预制箱梁情况较好，梁体和横隔梁未见结构性裂缝。但受桥墩偏位影响，预制箱梁也发生偏位。

（1）箱梁偏位

3×25m联整体向外侧（东）偏位，15号墩处，3×25m联与3×22m联错位18.5cm，与2×25m联错位8.5cm（图5-7~图5-8）。

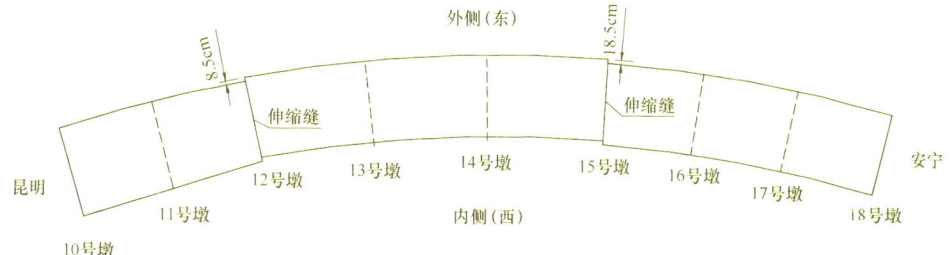

图5-7 上部梁体横向错位示意图

图 5-8　12 号墩墩顶两联梁体横向错位

在伸缩缝解除前，3×25m 联与 3×22m 联错位 13cm，伸缩缝解除后增大到 18.5cm 后稳定。桥梁内侧堆土期间，桥墩受堆土作用，向外侧（东）滑移倾斜，带动梁体向外侧（东）偏位，因堆土作用呈扇形分布，对中间 3×25m 联影响较大，对两侧 2×25m、3×22m 联的影响相对较小。伸缩缝解除前，在堆土作用下，中间 3×25m 联向外侧位移的同时，靠伸缩缝的约束作用，带动相邻两联同时向外侧位移。伸缩缝解除后，相邻两联向内侧（西）复位（从滑板支座二次滑移可以看出），中间联继续向外侧小幅移动，达到平衡后稳定。因此造成联端错位变大。

（2）箱梁破损情况

检测的 10 号～18 号墩之间的上部预制小箱梁情况较好，仅在与挡块挤紧部位局部有轻微破损，14 号墩北侧 2 号梁梁端破损（图 5-9），14 号墩南侧 3 号梁梁端露筋（图 5-10），两处病害均为施工期间因施工不当造成。

图 5-9　14 号墩北侧 2 号梁梁端破损

图 5-10　14 号墩南侧 3 号梁梁端露筋

（3）箱梁梁底边缘与盖梁边缘距离

测量上部主梁边缘与盖梁边缘的距离，由于内侧（西）有标牌、灯杆及电线的影响，桥检车无法到达。本次检测仅测量了箱梁外侧（东）箱梁梁底边缘至盖梁边缘距离（图5-11）。

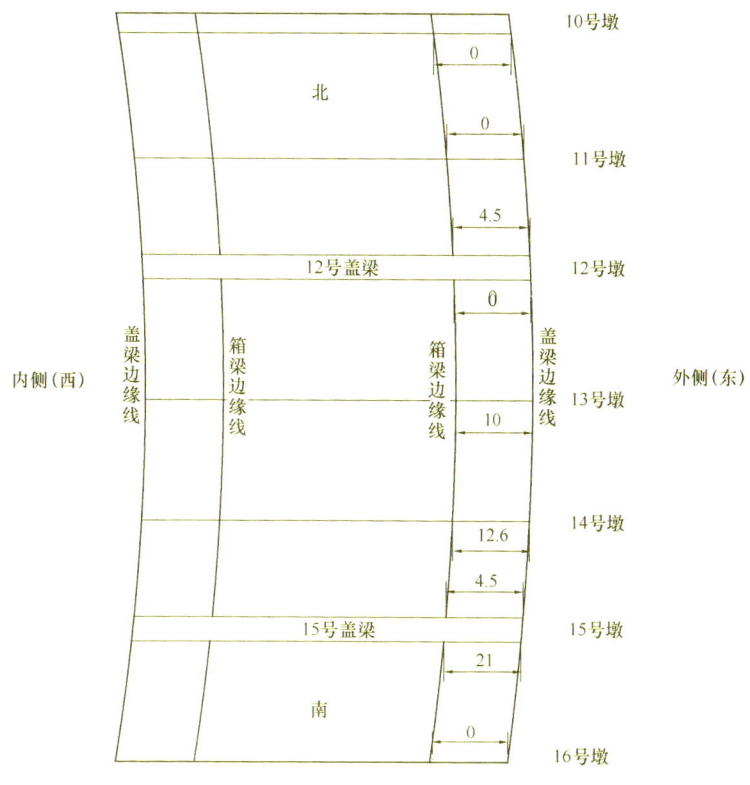

图5-11 箱梁梁底边缘距盖梁外侧边缘距离（单位：cm）

图5-11的测量结果为伸缩缝解除后的数据，在堆土损伤发生后，受桥墩偏位影响，箱梁向外侧（曲线外侧）移动，伸缩缝解除后，3×25m联（12号～15号墩）继续向外侧移动后稳定。通过以上数据可知，梁体没有离开盖梁边缘，可排除落梁的可能性。

5.2.2.4 支座现状

10号～18号墩的支座均有程度不同的剪切变形及错位（图5-12～图5-14），部分变形及错位详见表5-1。

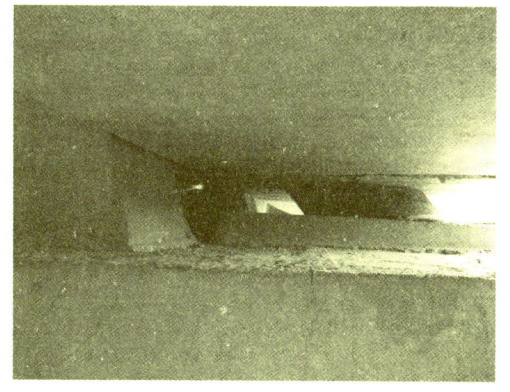

图5-12 14号墩1号梁支座向内侧剪切变形

表5-1 支座病害调查表

	病害描述	照片
支座变形	14号墩墩顶支座向外侧（东）剪切变形	图5-12
	15号墩墩顶滑板支座有两侧滑移	图5-13
	16号墩墩顶支座向内侧（西）剪切变形	图5-14

图 5-13　15 号墩南侧 1 号梁两次位移痕迹

图 5-14　16 号墩 3 号梁支座向外侧剪切变形

中墩 13 号、14 号墩盖梁相对于主梁是向外侧偏位，但受到联端伸缩缝的约束，盖梁相对主梁向外侧（东）移动，造成支座向内侧发生剪切变形；伸缩缝解除前，中间 3×25m 联向外侧位移的同时，靠伸缩缝的约束作用，带动相邻两联同时向外侧位移，相邻两联箱梁中墩（11号、16 号、17 号）位置向外侧的偏位大于这两联相应位置桥墩的偏位，上部主梁相对盖梁向外侧偏位，造成支座向外侧发生剪切变形。伸缩缝的约束解除后，同时也使 12 号、15 号两个联端墩墩顶处的滑板支座产生二次滑移。复位最大的是 15 号~18 号墩的 3×22m 箱梁，根据支座顶四氟滑板可以清楚地看见箱梁恢复的痕迹，复位距离为 4.0cm，另一联箱梁有 0.5cm 复位。

5.2.2.5　桥墩现状

桥墩是桥梁重要承重构件，也是本次巨型渣土堆积中受损最为严重的受力构件。桥墩变形及开裂集中分布于路段下行线 11 号~16 号墩（图 5-15）。

5.2.2.6　盖梁、挡块现状

（1）盖梁病害

11 号墩及 12 号墩挡块位置的盖梁存在两处破损，破损是由于桥墩偏位后带动上部梁体位移，箱梁和横隔梁挤压挡块，挡块碎裂造成对应位置盖梁的表

图 5-15　桥墩概貌

面混凝土剥离劈裂（图 5-16～图 5-17），详见表 5-2。

表 5-2 盖梁破损病害调查表

	病害描述	照片
盖梁破损	11 号墩 7 号梁下盖梁南侧破损露筋，面积＝1.5m×0.45m	图 5-16
	12 号墩 4 号梁下盖梁南侧破损，面积＝1.5m×0.5m	图 5-17

 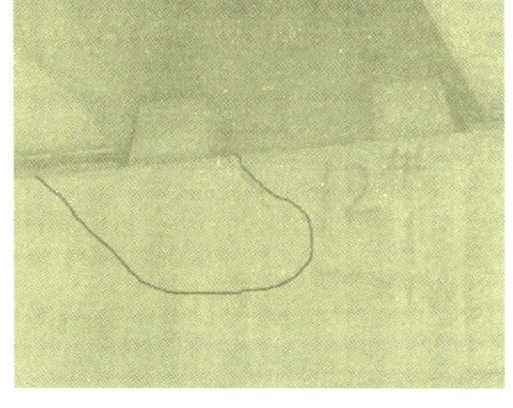

图 5-16 11 号墩 7 号梁下盖梁及挡块破损　　　图 5-17 12 号墩 4 号梁下盖梁破损

13 号、14 号、15 号桥墩外侧柱倾斜明显大于内侧柱（表 5-3），在堆土引起的强大水平荷载作用下，两个柱变形不协调，使盖梁跨中上缘混凝土受拉，本桥盖梁为预应力盖梁，跨中上缘仅配置了构造钢筋，没有受力主筋，因此造成局部应力超限，形成竖向开裂（图 5-18～图 5-20）。

表 5-3 盖梁裂缝调查表

	病害描述	图片编号
盖梁开裂	13 号墩盖梁跨中上缘出现 5～8 条竖向裂缝，延伸至盖梁顶部平面，裂缝长度 0.7～2.5m，裂缝宽度 0.05～0.22mm	图 5-18
	12 号墩盖梁外侧底部出现斜向裂缝，南北两面裂缝位置和走向基本相同，裂缝长度 0.5～1.5mm，裂缝宽度在 0.02～0.1mm	图 5-19

 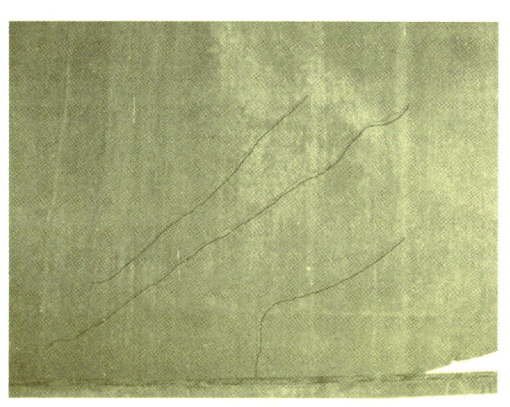

图 5-18 13 号墩盖梁跨中上缘竖向裂缝　　　图 5-19 12 号墩盖梁斜向裂缝

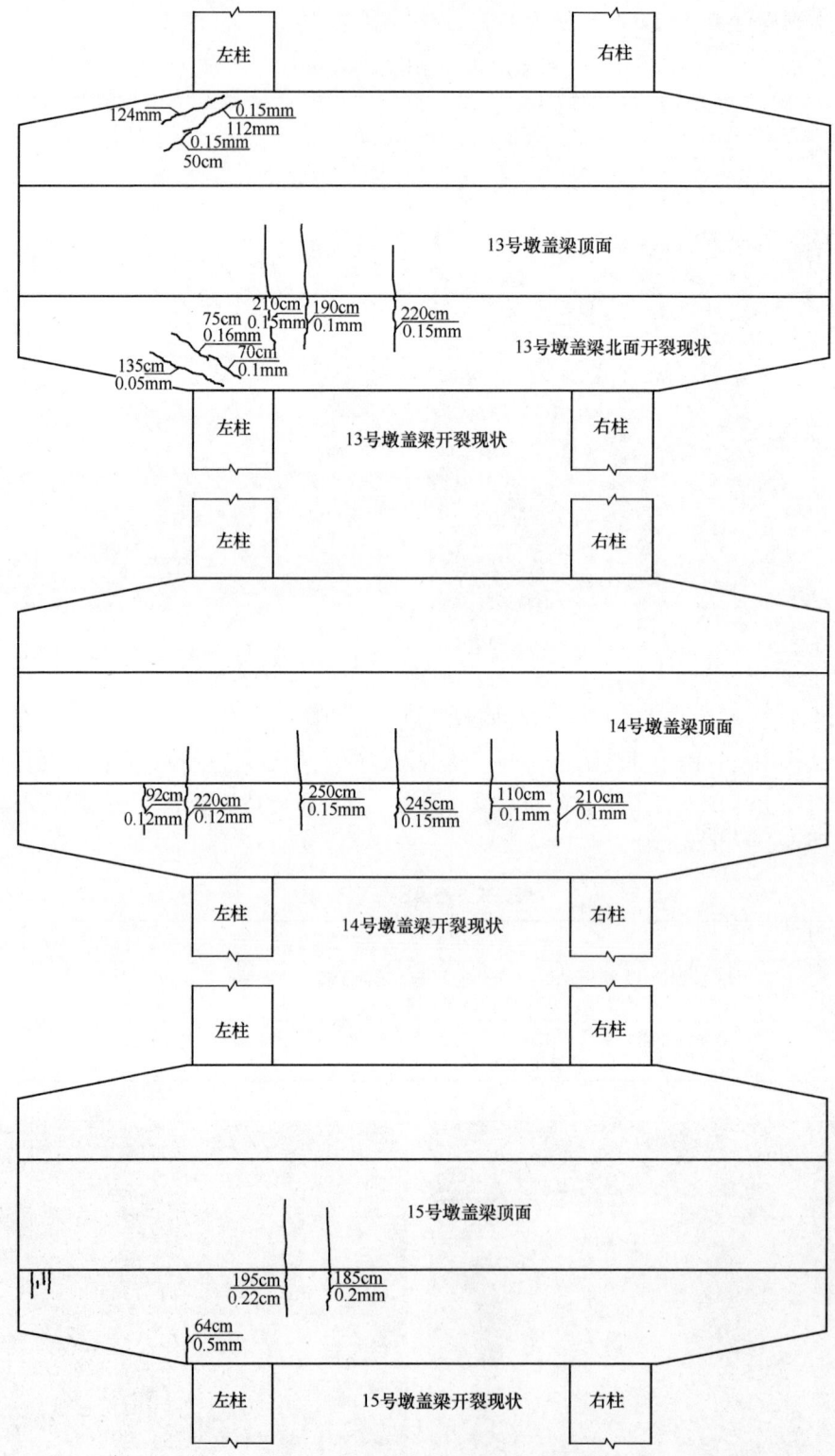

图 5-20 盖梁裂缝展开示意图

（2）挡块病害

桥墩偏位后带动上部梁体位移，箱梁和横隔梁挤压挡块，挡块碎裂（图5-21～图5-26）。由图5-27可知，中墩13号、14号墩挡块损伤均由主梁挤压造成，盖梁相对于主梁是向外侧偏位，造成主梁内侧与主梁间距较小的挡块被主梁挤压破损。堆土移除后，箱梁向外侧有少许偏位，因此有挡块被挤裂后又与主梁分离。

表5-4 挡块病害调查表

序号	病害描述	照片
1	11号墩盖梁北面4号梁内侧挡块与主梁抵死开裂后又与主梁分离	图5-21
2	11号墩盖梁北面5号梁内侧挡块因施工误差被部分凿除	—
3	11号墩盖梁南面1号梁外侧挡块因施工不当破损开裂	—
4	11号墩盖梁南面4号梁外侧挡块与主梁抵死碎裂	—
5	11号墩盖梁南面5号梁外侧挡块与主梁抵紧局部轻微破损	—
6	11号墩盖梁南面6号梁内侧挡块与主梁横隔板抵死碎裂	图5-22
7	11号墩盖梁南面7号梁外侧挡块与主梁抵死碎裂	图5-23
8	12号墩盖梁北面5号梁内侧挡块与主梁抵死后又复位	图5-24
9	12号墩盖梁南面1号梁内侧挡块与横隔板抵死开裂	—
10	12号墩盖梁南面2号梁外侧挡块与横隔板抵死开裂	—
11	12号墩盖梁南面4号梁外侧挡块与横隔板抵死开裂	—
12	13号墩盖梁南面3号梁内侧挡块与主梁抵死碎裂后又与主梁分离2.3cm	图5-25
13	14号墩盖梁北面1号梁内侧挡块与主梁抵死开裂	—
14	14号墩盖梁北面2号梁内侧挡块与主梁抵死开裂后箱梁部分复位	图5-26
15	14号墩盖梁北面3号梁内侧挡块与主梁抵死开裂	—
16	14号墩盖梁北面4号梁内侧挡块与主梁抵死开裂	—
17	14号墩盖梁南面1号梁内侧挡块与主梁抵死开裂	—
18	14号墩盖梁南面4号梁内侧挡块与主梁抵死开裂	—
19	15号墩盖梁北面2号梁外侧挡块与横隔板抵死开裂	—
20	15号墩盖梁北面3号梁外侧挡块与主梁抵死开裂	—
21	15号墩盖梁南面3号梁内侧挡块因施工不当破损开裂	—
22	16号墩北面4号梁外侧挡块与主梁抵死开裂又与主梁分离约3cm	图5-27

图5-21 挡块受横隔板挤压破损　　图5-22 挡块与主梁、隔板抵死碎裂

图 5-23 外侧挡块与主梁抵死碎裂

图 5-24 挡块抵死后又复位

图 5-25 内侧挡块与主梁抵死碎裂

图 5-26 挡块抵死开裂后箱梁部分复位

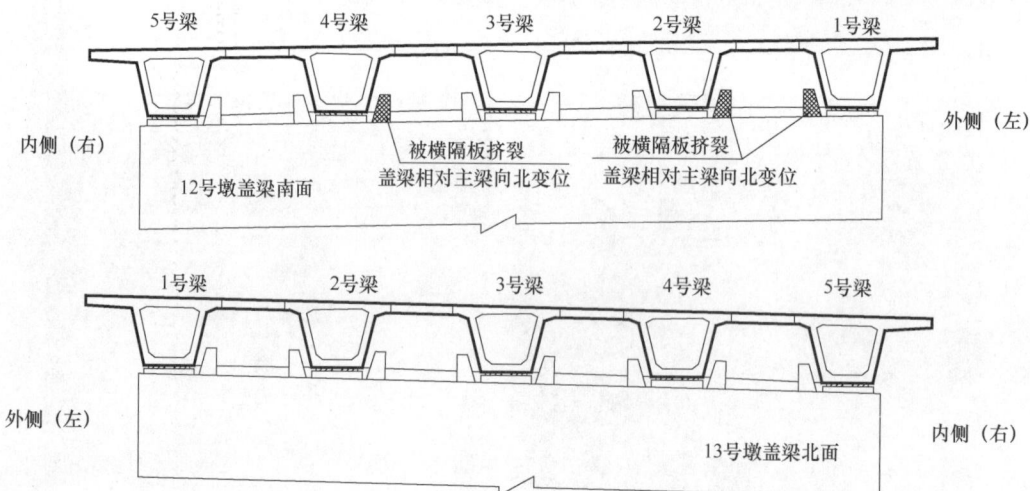

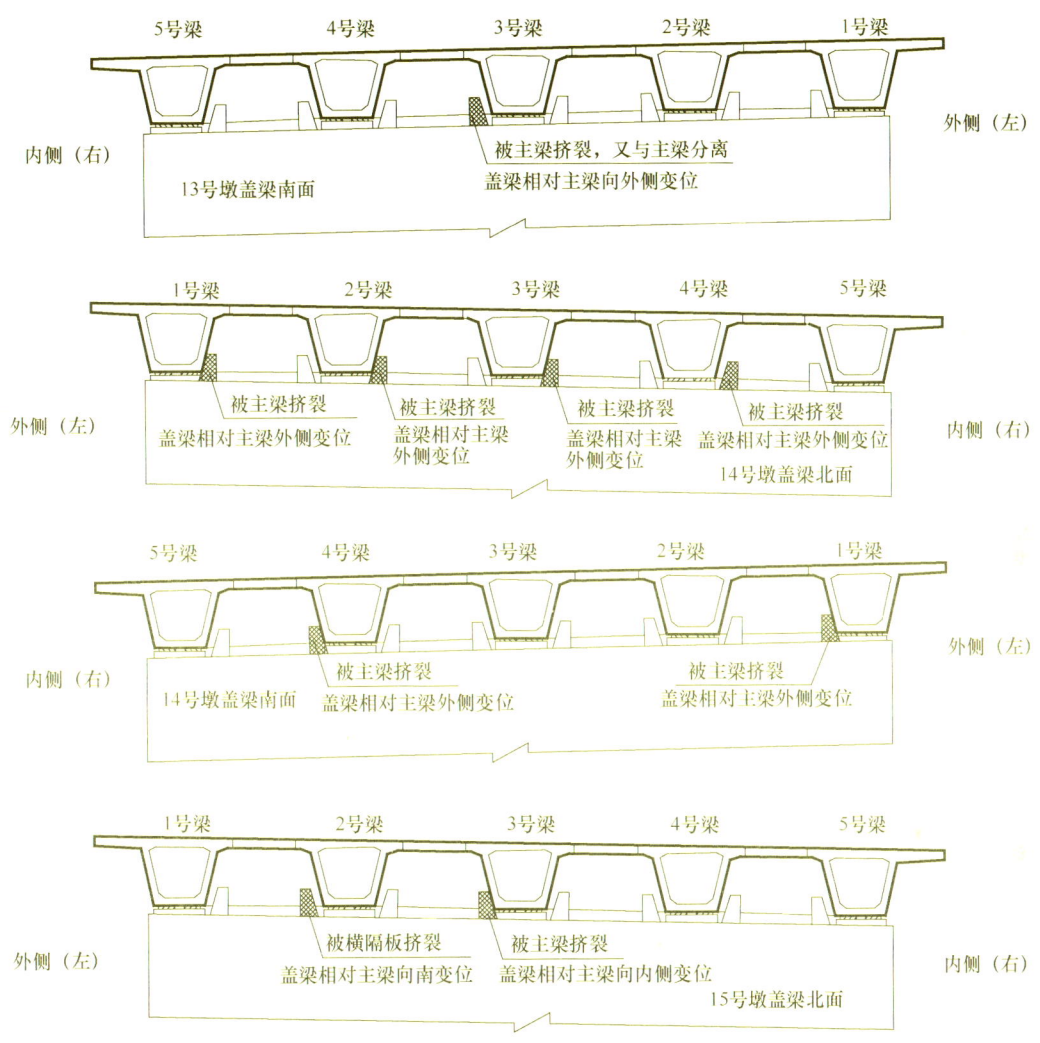

图 5-27 3×25m 联挡块破损位置示意图

联端墩 12 号、15 号墩挡块损伤多由横隔板挤压造成，12 号墩盖梁相对于主梁是向东北方向偏位，15 号墩盖梁相对于主梁是向东南方向偏位。因此造成挡块受主梁和横隔板挤压破损。由此反推出堆土引起的变形破坏方向由内侧向外侧，在 13 号、14 号墩的位置与桥梁走向垂直，在 12 号、15 号墩处与桥梁斜交（图 5-28）。

5.2.2.7 桥墩裂缝

墩身裂缝集中分布在 12 号~15 号墩（图 5-29~图 5-35），以 13 号墩为中心最大，向两边逐渐减小，到 11 号和 16 号墩身集中在东北和东南两侧，呈扇形放射状发展，表明变形由堆土区产生，变形破坏方向由西向东，与桥梁走向中心部位垂直，边缘部位斜交，详见表 5-5。

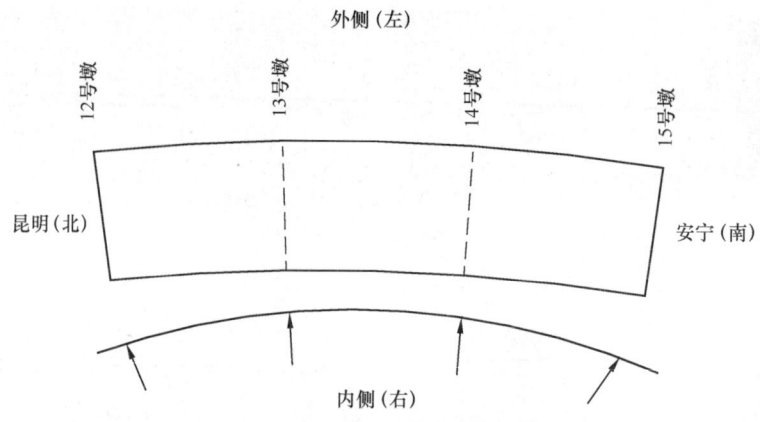

图 5-28　3×25m 联堆土变形破坏方向示意图

表 5-5　桥墩裂缝调查表

	病害描述	照片
墩身开裂	12～15 号墩墩身裂缝表现为半环向开裂，由墩柱的外侧（即外侧）面贯通开裂并延伸至墩柱南北两侧面，呈 U 形分布。裂缝沿柱身上、下分布较为均匀，间距在 10～30cm，裂缝宽度在 0.10～1.5mm 之间；最宽裂缝发生在 13 号左墩墩身顶部，最大宽度 1.5mm	图 5-29～图 5-33
	11 号墩墩身裂缝主要集中在墩柱的东北侧，呈 L 形分布	图 5-34
	16 号墩墩身裂缝主要集中在墩柱的东南侧，呈 L 形分布	图 5-35
	上行线 12 号～14 号墩亦有少量开裂变形，宽度在 0.06～0.12mm 之间	—

 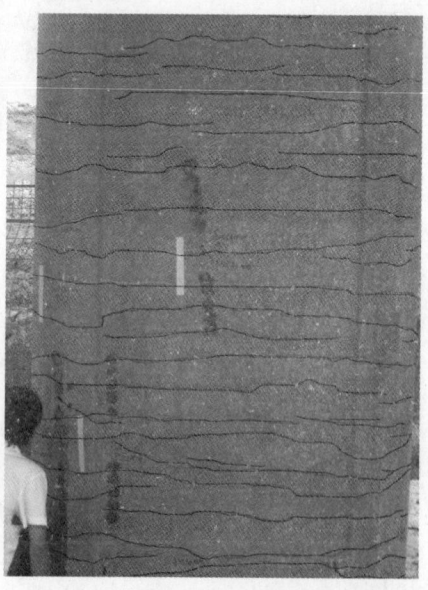

图 5-29　14 号左墩外侧墩身裂缝　　图 5-30　13 号右墩外侧墩身裂缝

图 5-31　13 号左墩外侧墩身裂缝　　　图 5-32　13 号右墩北侧墩身裂缝

图 5-33　13 号左墩外侧墩身顶部裂缝　　　图 5-34　11 号左墩东北角墩身裂缝

5.2.2.8　桥墩竖直度

因无受损前观测资料，桥墩竖直度参照《公路工程质量检验评定标准　第一册　土建工程》(JTG F80/1) 中 8.6.1 中的规定 "0.3‰H 且不大于 20mm" 来进行对比。

由前期观测资料可知，桥墩顺桥向竖直度基本满足《公路工程质量检验评定标准　第一册　土建工程》(JTG F80/1) 的要求，因此本次检测只测量横桥向竖直度，采用吊垂线法测量，详见表 5-6。

图 5-35　16 号左墩东南角墩身裂缝

表 5-6　桥墩横桥向竖直度调查表

墩柱编号		垂高(cm)	倾斜值(cm)	竖直度(‰)	倾斜方向	是否满足评定标准
11 号	左柱	450	1.1	0.24	左倾	是
12 号	左柱	400	4.0	1.0	左倾	否
	右柱	450	1.6	0.35	左倾	否
13 号	左柱	450	5.6	1.24	左倾	否
	右柱	670	2	0.299	左倾	是
14 号	左柱	450	2.3	0.51	左倾	否
	右柱	450	0.9	0.2	左倾	是
15 号	左柱	450	3.6	0.8	左倾	否
	右柱	450	2.8	0.62	左倾	否
16 号	左柱	450	1.2	0.27	左倾	是
	右柱	450	0.5	0.11	左倾	是

由表 5-6 可知，外侧（东）墩柱倾斜度均大于内侧（堆土侧）墩柱。12 号、15 号两个联端墩的左、右柱倾斜度均超出评定标准允许值，13 号、14 号墩外侧柱倾斜度超出评定标准允许值，内侧柱满足要求。倾斜度最大的墩柱为 13 号墩外侧柱，达到 1.2‰，超出评定标准允许值 4 倍。

桥墩为双柱式桥墩，上接盖梁，整体为框架。内侧柱离堆土近，外侧柱离堆土相对远，内侧柱承受的水平荷载要大于外侧柱，因此内侧柱的基桩向左的变形要大于外侧柱，左、右双柱的变形不协调，盖梁随内侧柱向外侧同步偏位，对外侧柱形成推力，造成了外侧柱的倾斜，桥墩亦整体向外侧（东）倾斜偏位。

5.2.2.9 墩身应变检测情况

2011年6月24日在14号、15号墩身布置了表面应变传感器（图5-36），应变传感器均为跨裂缝布置，检测墩身裂缝变化情况，经过一个星期的观测，墩身应变变化情况不大，已经达到稳定平衡状态（表5-7）。

图5-36　应变测量现场

表5-7　桥墩应力调查表　　　　　　　　　　　　　（MPa）

位置	6月25日	6月26日	6月27日	6月28日	6月29日	6月30日
14号墩左墩外	−0.48	−0.72	−0.72	−0.40	0.24	0.16
14号墩右墩外	−0.59	−1.04	−0.70	−0.25	−0.36	−0.25
15号墩左墩内	0.38	0.20	0.38	0.20	−0.08	0.02
15号墩左墩外	−0.95	−2.19	−0.95	−0.86	−0.01	−0.10
15号墩右墩外	0.12	−0.85	0.00	0.00	0.00	−0.12

5.2.2.10 承台现状

露出土体的承台可见顶面有开裂并延伸至承台侧面，具体裂缝见表5-8。

表5-8　承台病害调查表

	病害描述	照片
承台开裂	13号墩右墩承台内侧面居中位置有一条竖向裂缝，长度约0.51m，裂缝宽度0.32mm；外侧面居中位置有一条横向裂缝，长度约1.5m，裂缝宽度0.4mm	图5-37
	14号墩右墩承台四边居中位置各有与边线垂直的裂缝并竖向延伸至承台侧面，长度0.35～0.6m，顺桥向裂缝宽度0.04mm，横桥向裂缝宽度0.05～0.2mm	图5-38
	14号墩左墩承台顶面右边线居中位置有一条与其垂直的横桥向裂缝，竖向延伸至承台侧面，裂缝长度0.45m，裂缝宽度0.3mm	图5-38

图 5-37　13 号墩右侧墩承台外侧横向裂缝

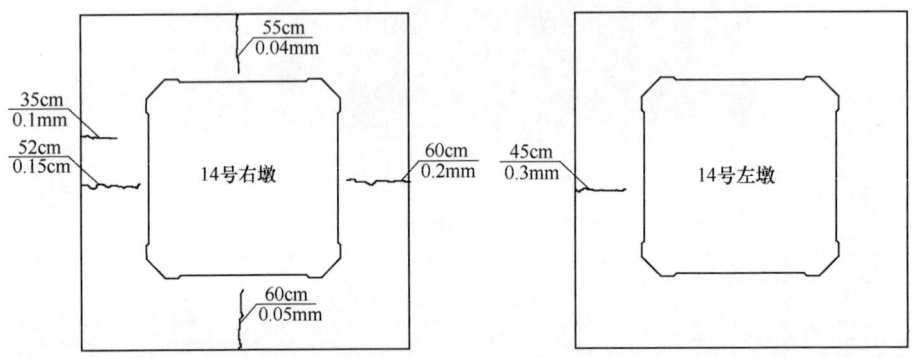

图 5-38　14 号墩承台顶面裂缝示意图

5.2.2.11　桩基现状

本次检测开挖了 13 号墩内侧墩桩基，开挖深度 6m，桩与承台连接部位完好；开挖出的桩基存在半环形裂缝（图 5-39），部分桩基存在桩基箍筋外露现象（图 5-40），具体病害详见表 5-9。

表 5-9　13 号墩内侧墩柱基桩病害调查表

	病害描述	照片
基桩开裂露筋	距承台底面以下 1.0m 处，桩基外侧有一条半环向裂缝，与墩柱裂缝同在一侧，裂缝长度约 3.5m，裂缝宽度 1.1mm	图 5-39
	距承台底面以下 1.8m 处，桩基外侧有一条半环向裂缝，与墩柱裂缝同在一侧，裂缝长度约 3.0m，裂缝宽度 0.5mm	—
	距承台底面以下 2.9m 处桩基外侧有一条半环向裂缝，与墩柱裂缝同在一侧，裂缝长度约 3.0m，裂缝宽度 1.0mm	—
	距承台底面以下 1.0m 处有四根箍筋外露	图 5-40

图 5-39　13 号墩右墩桩基外侧裂缝　　　图 5-40　13 号墩右墩桩基箍筋外露

5.2.2.12　桥面及附属设施现状

15 号墩位置第 15 跨和第 16 跨护栏错位达到 18.5cm，连接两联桥面的护栏扶手偏位损坏开裂，防撞护栏局部开裂破坏，桥面伸缩缝的钢板扭曲，两侧的橡胶板被拉扯后与钢板分离。

（1）桥面

沥青混凝土桥面表观未见明显异常及开裂（图 5-41），仅在伸缩缝位置联间桥面有错位（图 5-42）。

 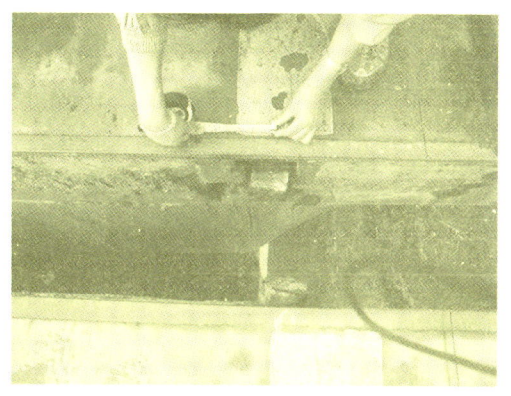

图 5-41　沥青混凝土桥面铺装　　　图 5-42　12 号墩顶联间桥面错位

（2）护栏

本桥护栏状况较好，仅 15 号墩顶内侧伸缩缝位置受挤破损。加固前的测量表明，12 号墩位置第 11 跨和第 12 跨防撞护墙错位 8.0cm，伸缩缝解除后两联错位 8.5cm；15 号墩位置第 15 跨和第 16 跨防撞护墙错位达到 13.0cm，伸缩缝解除后两联错位 18.5cm。

从前期测量对比结果（表 5-10）可以看出，护栏永久测点 2011 年 6 月 18 日与 2010 年 6 月坐标测量资料对比，12 号墩~19 号墩桥面均朝东北方向相对位移，最大位移发生在 12 号、15 号墩，相对位移达 14.2cm；伸缩缝解除后位移均有所回移，15 号墩处第三联梁端回移最大,达 4.0cm(图 5-43~图 5-46)。

表 5-10　桥面永久测点相对位移比较

墩号	测点编号	相对位移(cm)				
		2011-6-10	2011-6-18		2011-6-26	
12 号墩	AQ232	12.4	12.0	−0.4	10.9	−1.2
	AQ233	13.0	14.0	1.0	13.8	−0.2
15 号墩	AQ235	12.6	12.6	0.0	12.2	−0.4
	AQ236	12.9	14.2	1.3	10.2	−4.0

注:本表位移为测点坐标点距离;永久测点的位置位于墩顶两侧内侧护栏上。

图 5-43　15 号墩墩顶内侧破损、伸缩缝抵紧

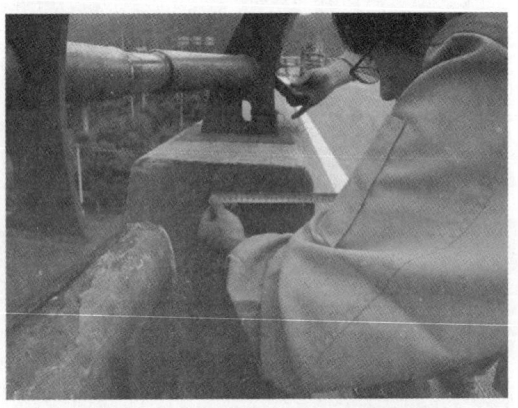

图 5-44　15 号墩墩顶外侧护栏错位变形

图 5-45　15 号墩墩顶外侧护栏扶手断裂

图 5-46　15 号墩墩顶永久测点位置

(3) 伸缩缝

本次检测了 10 号墩、12 号墩、15 号墩和 18 号墩四个墩顶的伸缩缝,两侧两道伸缩缝 10 号墩和 18 号墩外侧伸缩缝抵紧,内侧拉开;12 号墩墩顶外侧伸缩缝橡胶条拉裂;内侧 10 号墩和 18 号墩伸缩缝缝间距分别为 15cm、17.5cm;中间两道伸缩缝 12 号墩和 15 号墩外侧伸缩缝缝间距分别为 28cm、21.4cm,内侧伸缩缝缝间距分别为 15.2、14.8cm。

15号墩墩顶伸缩缝解除前拉杆变形，伸缩缝横向错位、橡胶条扭曲变形。伸缩缝解除后联间桥面有错位有所加大，最大的出现在15号墩，错位由13cm变为18.5cm。

相关示意见图5-47～图5-55。

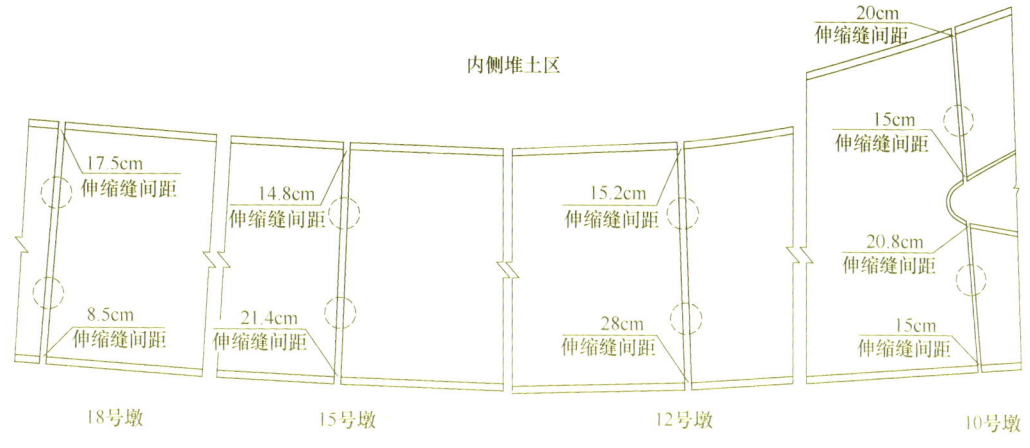

图5-47　10号墩墩顶外侧梳齿抵紧

图5-48　10号墩墩顶外侧梳齿抵紧

图5-49　10号墩墩顶内侧梳齿拉开

图5-50　15号墩墩顶外侧伸缩缝解除后（一）

图5-51　15号墩墩顶外侧伸缩缝解除后（二）

图 5-52 15号墩墩顶伸缩缝解除前拉杆变形

图 5-53 12号墩墩顶外侧伸缩缝橡胶条拉裂

图 5-54 18号墩墩顶外侧伸缩缝抵紧

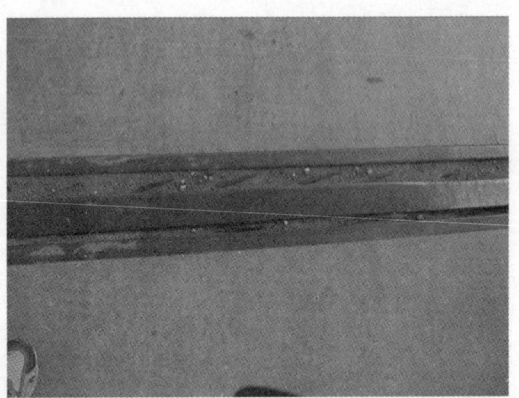
图 5-55 15号墩墩顶外侧伸缩缝橡胶伸条扭曲变形

5.2.3 特殊检测结果

（1）混凝土强度检测

本次混凝土构件强度检测考虑到现场的可操作性及对结构的损伤控制程度要求，采用回弹法进行检测。检测中考虑了回弹角度、混凝土碳化深度修正，回弹强度取值选用统一测强曲线。

本次检测选择了右幅桥 11 号墩～15 号墩之间的主要结构，对箱梁、桥墩进行检测。

表 5-11 混凝土强度检测结果表

检测部位	混凝土设计值强度等级	检测强度（MPa）	是否满足要求
箱梁	C50	59.2	是
盖梁	C40	59.1	是
墩身	C40	55.7	是

从表 5-11 可以看出混凝土强度实测值均大于设计值，表明混凝土强度均满足设计要求。

（2）混凝土碳化深度检测

本次检测了箱梁、盖梁、墩身的净保护层厚度，检测结果见表 5-12。

表 5-12 混凝土碳化深度检测结果表

检测部位	碳化深度值（mm）			平均值（mm）
箱梁	1.5	1.5	1.5	1.5
盖梁	2.5	4.0	2.5	3.0
墩身	2.5	2.5	2.5	2.5
检测结论	构件全部实测碳化深度/保护层厚度均小于1，混凝土碳化对钢筋锈蚀影响轻微			

（3）混凝土保护层检测

本次检测了墩身、盖梁及箱梁腹板的净保护层厚度，检测结果见表 5-13。

表 5-13 混凝土净保护层检测结果表

检测部位	设计保护层厚度（mm）	检测保护层厚度（mm）	是否满足要求
箱梁	25	22～40	是
盖梁	27	34～40	是
墩身	17	15～27	是

从表 5-13 可以看出混凝土净保护层均大于或接近规范限值，表明混凝土净保护层厚度较好。

5.2.4 检测评定结论

（1）桥墩及桩基：墩身及桩基裂缝宽度及水平位移超过限值，桥墩处于差的工作状态。评定标度值为 4。

（2）上部结构：上部结构状况较好。评定标度值为 1。

（3）结构混凝土强度：各承重构件混凝土强度均大于设计值，混凝土强度状态良好。评定标度值为 1。

（4）桥面铺装：桥面沥青混凝土铺装状态良好。评定标度值为 1。

（5）伸缩缝：桥面伸缩缝状态处于差的状态。评定标度值为 5。

（6）支座：本桥支座剪切变形较大，处于差的状态。评定标度值为 5。

（7）护栏：护栏状态良好。评定标度值为 1。

依据当时的《公路桥涵养护规范》（JTG H11—2004）按重要部件最差的缺损状况评定，该桥为四类，急需进行加固处理。

5.3 病害原因分析

5.3.1 堆土引起地表变形

2011年6月9日在桥梁西侧发现13号桥墩约3m围墙外堆有废土，废土堆放高度3～6m，堆土范围为K14+945m～K15+080m路段。堆土长135m，堆土宽度40～70m，其中13号～14号墩堆土宽度达165m，堆土高度为4.0～6.0m，堆土方量约40000m^3。堆土为人工弃填土，为杂填土，岩性为建筑砖块、碎石、黏土、淤泥质土等，饱水，易湿陷，密度大。

堆土改变了原始地形。路段右侧堆载加荷后，下伏淤泥质土、泥炭质土产生侧向剪切力，导致下伏软弱土力学强度降低，发生塑流运动。发现桥梁损伤后，相关单位对堆土移除，恢复原有地形。

堆土引起的地面变形表现为地表开裂变形，包括地表开裂、混凝土路面开裂、围墙开裂倒塌以及地面隆起。地表开裂主要分布于12号～13号墩以及15号墩附近，变形迹象为地面裂缝。裂缝延伸长3～10m，最长15m，宽1～15cm，可见深10～30cm。裂缝为剪切裂缝。

地表裂缝沿堆土区自围墙向桥墩方向延伸分布，裂缝集中发育在12号～13号墩以及15号墩附近。裂缝以堆土中心区为基点，呈扇形放射状分布，表明变形由堆土区产生，变形破坏方向由西向东，与桥梁走向中心部位垂直，边缘部位斜交。

5.3.2 桥梁下部结构偏位

桥墩为双柱式桥墩，上接盖梁，整体为框架。右侧柱离堆土近，左侧柱离堆土相对远，右侧柱承受的水平荷载要大于左侧柱，因此右侧柱的基桩向左的变形要大于左侧柱，左、右双柱的变形不协调，盖梁随右侧柱向左侧同步偏位，对左侧柱形成推力，造成了左侧柱的倾斜，桥墩亦整体向东侧（左）倾斜偏位。

由挡块的受损情况可知，中墩13号、14号墩盖梁相对于主梁是向东侧偏位。堆土移除后，盖梁向西有少许复位，因此有挡块被挤裂后又与主梁分离。12号墩盖梁相对于主梁是向东北方向偏位，15号墩盖梁相对于主梁是向东南方向偏位。因此造成挡块受主梁和横隔板挤压破损。由此推出，堆土引起的变形破坏方向由西向东，在13号、14号墩的位置与桥梁走向垂直，在12号、15号墩处与桥梁走向斜交（图5-56）。

5.3.3 桥梁上部结构偏位

13号、14号墩向东侧偏位，盖梁上的挡块随之向东偏位，推动主梁向东侧偏位；12号墩向东北方向偏位，挡块推动横隔板向东偏北方向偏位；15号墩向东南方向偏位，挡块推动横隔板向东偏南方向偏位。

桥梁损伤发生至伸缩缝解除前，3×25m联与3×22m联错位13cm，伸缩缝解除后

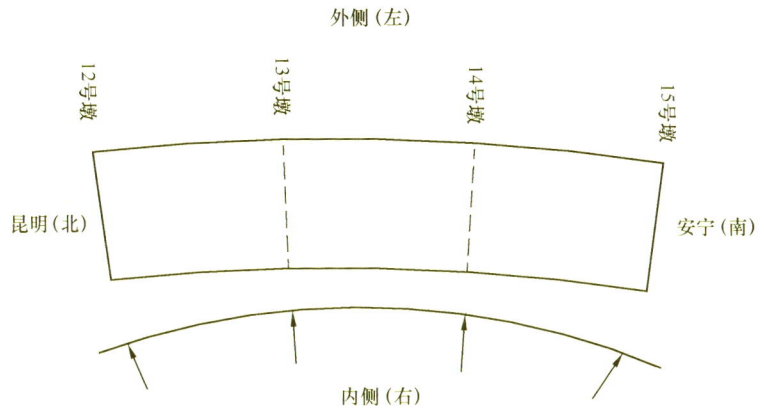

图 5-56　3×25m 联堆土变形破坏方向示意图

增大到 18.5cm 稳定。桥墩受堆土作用，向东侧（左）滑移倾斜，带动梁体向东侧偏位，因堆土作用呈扇形分布，对中间 3×25m 联影响较大，对两侧 2×25m、3×22m 联的影响相对较小。中间 3×25m 联向东侧位移的同时，靠伸缩缝的约束作用，带动相邻两联同时向东侧位移。伸缩缝解除后，相邻两联向西侧复位（从滑板支座二次滑移可以看出），失去伸缩缝约束，中间联继续向东侧位移，达到平衡后稳定。

5.3.4　支座剪切变形

中墩 13 号、14 号墩盖梁相对于主梁是向东侧偏位，主梁相对盖梁向西侧偏位，造成支座向西发生剪切变形；伸缩缝解除前，中间 3×25m 联向东侧位移的同时，靠伸缩缝的约束作用，带动相邻两联同时向东侧位移，相邻两联向东的偏位大于这两联桥墩的偏位，上部主梁相对盖梁向东侧偏位，造成支座向东发生剪切变形。

5.3.5　盖梁、墩身、承台、基桩开裂

（1）盖梁裂缝

13 号、14 号桥墩外侧柱倾斜明显大于内侧柱，在堆土引起的强大水平荷载作用下，两个柱变形不协调，使盖梁跨中上缘混凝土受拉，预应力盖梁跨中上缘仅为构造配筋，没有受力主筋，因此造成局部应力超限，形成竖向开裂。

12 号、13 号桥墩盖梁斜裂缝均发生在左柱柱顶区域，左柱倾斜大于右柱，左柱在堆土引起的水平荷载作用下的变形较大，变形受到刚度相对更大的盖梁的约束，造成盖梁局部主拉应力增大，产生斜向开裂。

（2）墩身、承台、基桩裂缝

堆土荷载作用于软弱地层上，引起土体侧向位移，对埋置于土体的承台和桩基产生水平推力，使桩基出现侧向变形。受损区域的联段不跨越通航水域和被交路，横向水平力可只考虑风荷载作用，经计算，横向风荷载小于纵向水平力，墩身、桩基配筋是以纵

向水平力控制，承台配筋不考虑水平抗弯。因此堆土引起的水平荷载大于纵向水平荷载，致使桩基、墩柱横向承载力不足，造成偏位、开裂。

经计算，在堆土荷载作用下，桩顶侧向偏位达到3cm；在堆土荷载作用下，墩身与桩基横桥向截面承载力均不足。

（3）挡块开裂

桥墩偏位使挡块推挤主梁和横隔板，挡块相对主梁来说刚度太弱，推挤过程中，挡块被挤开裂破损。

5.4 桥梁加固修复主要内容

为确保桥梁的安全运营和耐久性，必须加固修复。结合桥梁现阶段结构偏位、裂缝分布、结构计算和其他病害等基本状况，提出以下加固施工目标及措施。

5.4.1 加固施工荷载标准

加固施工荷载：公路Ⅰ级。

5.4.2 加固施工目标

（1）恢复受损桥墩的基桩承载力。
（2）恢复桥墩刚度，保证墩柱稳定性。
（3）对偏位较大的上部结构纠偏复位。
（4）处置桥梁构件出现的裂缝。
（5）更换局部构件，恢复使用功能。

5.4.3 加固修复施工措施

钢筋混凝土桩、柱的开裂影响基桩、墩柱的刚度和强度，墩柱倾斜影响下部结构稳定性和耐久性，必须加固处理。考虑到横桥向基桩和墩柱受损严重，需通过增设基桩、承台和横系梁，形成排架桩，保证力向新桩的传递，提高桥墩整体横向的刚度和强度的同时，也有利于提高纵向承载力。

5.4.3.1 下部主体结构加固

（1）对12号~15号墩横桥向在原有桩基的两侧各增加一根直径2.2m的基桩，新增基桩通过新增的横系梁和承台与原有桩及承台相连（图5-57）；11号墩原桩基通过新增的承台与原有承台相连（图5-58）。新增的新旧桩间承台和系梁能有效地分配原桩竖向力，原桩间承台主要为了顶升上部主梁搭设支架而设。

（2）11号~15号墩对桥墩双柱植筋后，顺桥向外包20cm厚混凝土、横桥向外包50cm厚混凝土，横桥向外包混凝土需将倾斜度不满足要求的墩柱调直（以墩身高度一半控制为50cm）。

（3）为防止纠偏过程中和运营过程中出现落梁，对盖梁内侧（西）接长处理，种植

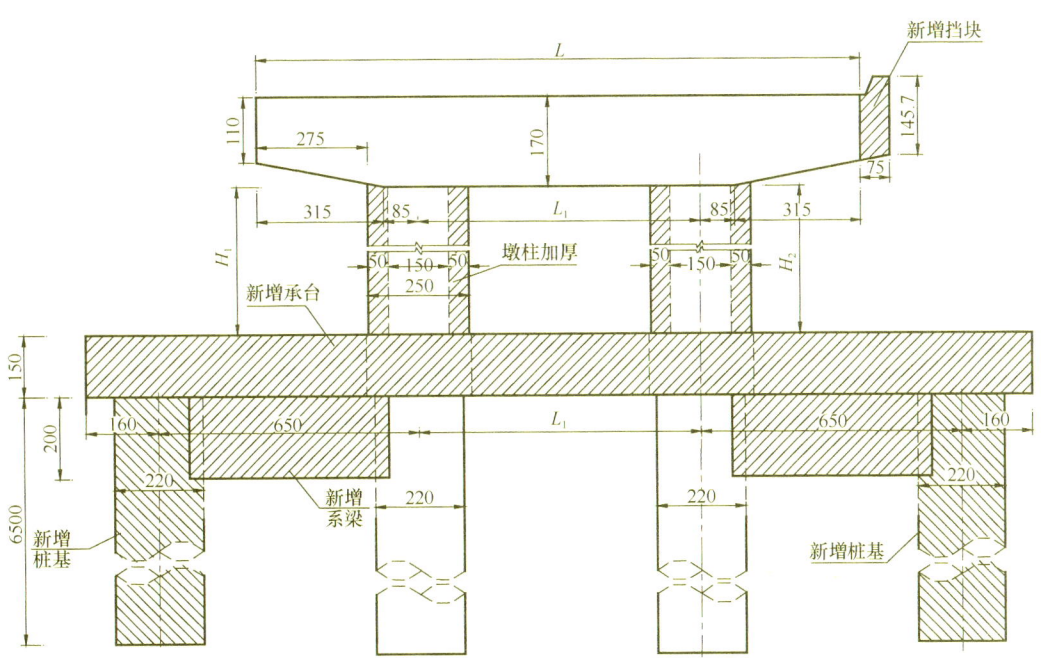

图 5-57 12 号~15 号桥墩加固示意图

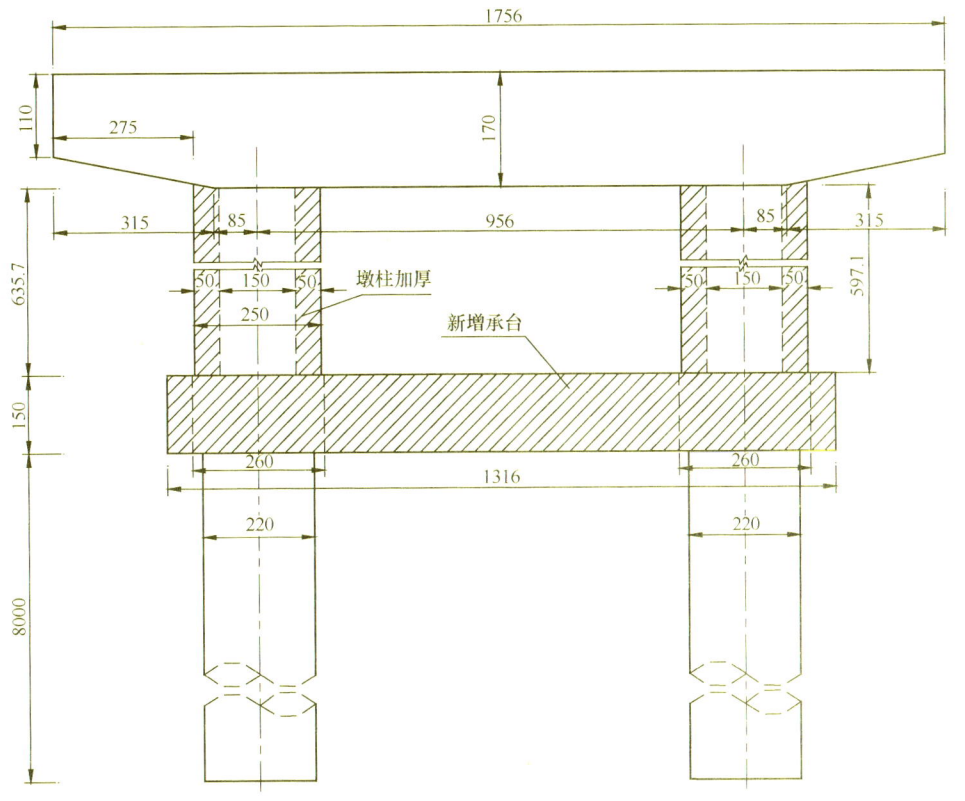

图 5-58 11 号桥墩加固示意图

钢筋浇筑盖梁接长段，接长段与挡块整体浇筑。

（4）对盖梁裂缝采取灌浆封闭措施处理后，横向粘贴钢板条，由于盖梁卸载后悬臂下缘有 4.0MPa 的拉应力，在顶升上部箱梁前 12 号～15 号墩盖梁上粘贴钢板条，盖梁上粘贴钢板作为安全储备。

5.4.3.2 上部结构纠偏

对偏位较大的 3×25m 联采用千斤顶顶升和侧推进行复位，使该联与相邻两联顺接平顺。12 号墩预制箱梁向曲线内侧顶推 5cm，13 号墩预制箱梁向曲线内侧顶推 9cm，14 号墩预制箱梁向曲线内侧顶推 12.5cm，15 号墩预制箱梁向曲线内侧顶推 16cm；施工中可根据顶推情况调整顶推量，以使中间联与两侧相邻联基本顺接。

5.4.3.3 裂缝处理

裂缝宽度≥0.15mm 的裂缝采用压浆法进行修补；宽度<0.15mm 的裂缝采用封闭法进行修补。

5.4.3.4 更换挡块

上部结构复位需要拆除盖梁顶主梁两侧的挡块，主梁复位后，种植钢筋重新在原位置立模浇筑新的挡块。对破损开裂的挡块采用同样的方法更换。

5.4.3.5 更换支座、伸缩缝

受损区域支座剪切变形较为严重，对 2×25m+3×25m+3×22m 三联的全部支座进行更换。连续端墩顶支座型号为 GYZ500×120，非连续端墩顶支座型号为 $GYZF_4$ 300×54。

对 10 号、12 号、15 号、18 号墩顶的四道伸缩缝进行更换，需拆除原伸缩缝预留槽内的混凝土，种植钢筋安装新伸缩缝。

11 号～15 号墩更换支座，在新承台上搭设支架，10 号、16 号～18 号墩更换支座在盖梁上作为顶升平台。

5.4.3.6 混凝土破损区域修复

对盖梁等部位的混凝土破损区域，用聚合物水泥进行修补。

5.4.3.7 修复护栏

对护栏的混凝土破损区域，用聚合物水泥进行修补。

5.5 加固效果分析

桥墩纵向承载力分析及桥墩桩基承载力分析可参考 4.5 节方法。
计算桥墩纵向承载力按承载力极限状态作用效应进行组合计算。

5.6 本章小结

本桥墩倾斜案例是由于桥梁侧面堆土改变了原始地形，路段右侧堆载加荷后，下伏

淤泥质土、泥炭质土产生侧向剪切力，导致下伏软弱土力学强度降低，发生塑流运动，推动墩身桩基，引起墩身开裂、盖梁开裂、支座剪切变形、挡块开裂、主梁位移、伸缩缝横向错动等一系列的结构病害。处置此类问题，首先要解除外荷载的影响（清除废土），后期根据桥梁结构变形恢复情况，动态采取主梁纠偏、结构补强等加固措施。

6 大纵坡导致的桥墩倾斜案例

6.1 工程概况

某高速公路管理集团有限公司 2022 年度定期检测过程中发现 1 号高架桥左幅（图 6-1）、2 号高架桥、3 号大桥 3 座桥梁部分墩顶支座存在较大偏位，立即委托有资质单位进行了专项检测和施工图设计。

(1) 1 号高架桥左幅

1 号高架桥（左幅）位于某高速上，中心桩号为 K610+054m，建成于 2012 年。桥梁全长 533m，全桥共 5 联[(4×40+4×40+3×40+40+40)m]，单幅桥面全宽 12m，净宽 11m。本桥平面分别位于圆曲线（起始桩号为 YK77+551.157m，终止桩号为 YK77+761.704m，半径为 1850m，右偏）、缓和曲线（起始桩号为 YK77+761.704m，终止桩号为 YK77+981.705m，参数 A 为 637.966，右偏）和直线（起始桩号为 Y77+981.705m，终止桩号为 Y78+084.157m）上，纵断面位于 $R=2000m$ 的竖曲线上（桥面纵坡 3.7%），墩台按扇形布置，本桥弯桥折做，以各墩台对应路线设计线点的连线为桥轴线。

桥面系：沥青混凝土桥面铺装（图 6-2）；0 号、13 号桥台位置采用 D80 型伸缩缝，4 号、8 号、11 号桥墩位置采用 D160 型伸缩缝。

上部结构：上部结构第 4 联、第 5 联采用预应力混凝土（后张）简支 T 梁，桥面连续；其余联采用预应力混凝土（后张）T 梁，先简支后连续。5 号~7 号桥墩采用墩梁固接，其余支座采用 FCQZ-Ⅱ型盆式橡胶支座。

下部结构：0 号桥台采用肋板台，13 号桥台采用整体式桥台，4 号~8 号桥墩采用薄壁空心墩，其余桥墩采用双柱式墩，墩台均采用桩基础。设计荷载等级为公路-Ⅰ级。

图 6-1 1 号高架桥左幅立面照

图 6-2 1 号高架桥左幅平面照

(2) 2号高架桥

2号高架桥（左、右幅）位于某高速上，中心桩号为K615+440m，建成于2013年。桥梁全长276.01m，全桥共2联[(5×30+4×30)m]，单幅桥面全宽12m，净宽11m。2号高架桥左、右幅立面如图6-3、图6-4所示。本桥平面分别位于缓和曲线（起始桩号为K116+302m，终止桩号为K116+352.176m，参数A为399.987，左偏）、圆曲线（起始桩号为K116+352.176m，终止桩号为K116+522.471m，半径为930m，左偏）和缓和曲线（起始桩号为K116+522.471m，终止桩号为K116+579.725m，参数A为400.12，左偏）上，纵断面纵坡3.9%；墩台等角度布置。

桥面系：沥青混凝土桥面铺装（图6-5、图6-6）；0号、9号桥台采用SSDB-80型伸缩缝，5号桥墩采用SSDB-160型伸缩缝。

上部结构：全桥共2联，采用先简支后连续预应力混凝土（后张）T梁，采用FCQZ-Ⅱ型盆式橡胶支座。

下部结构：桥台采用柱式台，桥墩采用柱式墩，墩台采用桩基础，除3号墩左幅及4号墩采用摩擦桩外，其余墩台均采用支承桩。

设计荷载等级为公路-Ⅰ级。

图6-3　2号高架桥左幅立面照

图6-4　2号高架桥右幅立面照

图6-5　2号高架桥左幅平面照

图6-6　2号高架桥右幅平面照

(3) 3号大桥

3号大桥（左、右幅）位于某高速上，中心桩号为K949+408m，建成于2012年。该桥为整体式桥梁，桥梁全长426m，全桥共3联[(4×30+5×30+5×30)m]，单幅桥面全宽16.5m，净宽15.5m。本桥平面分别位于缓和曲线（起始桩号为K75+157m，终止桩号为K7575+318.502m，参数A为565.685，左偏）和直线（起始桩号为K75+318.502m，终止桩号为K75+583m）上，纵断面位于$R=37587.3$的曲线上（桥面纵坡4.0%），墩台等角度布置。3号大桥左、右幅立面如图6-7、图6-8所示。

桥面系：沥青混凝土桥面铺装（图6-9、图6-10）；14号桥台采用D80型伸缩缝，4号、9号桥墩采用D160型伸缩缝。

上部结构：全桥共3联，采用先简支后连续预应力混凝土（后张）T梁，桥梁采用FCQZ-Ⅱ型盆式橡胶支座。

下部结构：下部结构桥台采用柱式台，1号桥墩采用桩柱一体墩，其余桥墩采用柱式墩，墩台采用桩基础。

图6-7 3号大桥左幅立面照

图6-8 3号大桥右幅立面照

图6-9 3号大桥左幅平面照

图6-10 3号大桥右幅平面照

6.2 检测要点

6.2.1 检测的目标

通过对现有桥梁的专项检测拟达到查清支座偏位等病害;测量墩身竖直度等情况;掌握伸缩缝的状况的目标。

6.2.2 检测工作内容

6.2.2.1 1号高架桥左幅

(1) 支座检测结果

1号高架桥左幅5~7号桥墩采用墩梁固接,其余采用FCQZ-Ⅱ型支座。经现场检测,该桥支座布置形式与设计一致,支座偏位情况如下:

① 左幅8号过渡墩顶支座存在明显串动(图6-11~图6-16)现象,即支座上钢板相对支座往下坡方向(大桩号侧)串动,串动最大位移10cm。

② 4号过渡墩及其他墩台顶支座未见明显位移。

③ 全桥伸缩缝型钢间距未见明显异常。

1号高架桥左幅支座病害信息见表6-1。

表6-1 1号高架桥左幅支座病害信息表

序号	构件编号	构件名称	病害类型	病害位置	范围、程度(cm)
1	ZZ-L-8-8-1号	墩顶双排支座	位置串动	向小桩号侧串动	5
2	ZZ-L-8-8-4号	墩顶双排支座	位置串动	向小桩号侧串动	3
3	ZZ-L-9-8-1号	墩顶双排支座	位置串动	向大桩号侧串动	10
4	ZZ-L-9-8-2号	墩顶双排支座	位置串动	向大桩号侧串动	10
5	ZZ-L-9-8-3号	墩顶双排支座	位置串动	向大桩号侧串动	10
6	ZZ-L-9-8-4号	墩顶双排支座	位置串动	向大桩号侧串动	10
7	ZZ-L-9-8-5号	墩顶双排支座	位置串动	向大桩号侧串动	10

图6-11 ZZ-L-8-8-4号支座串动　　图6-12 ZZ-L-9-8-1号支座串动

图 6-13　ZZ-L-9-8-2 号支座串动

图 6-14　ZZ-L-9-8-3 号支座串动

图 6-15　ZZ-L-9-8-4 号支座串动

图 6-16　ZZ-L-9-8-5 号支座串动

(2) 墩柱偏位检测结果

本次检测发现左幅 8 号墩顶支座存在明显位移，因此对该桥 7 号～9 号墩立柱竖直度及偏位进行了测量，检测结果表明：

① 左幅（过渡墩）L8 墩柱墩顶水平位移已超限，墩柱顶部相对墩柱底部向小桩号侧偏位 35.6mm。

② 其余桥墩墩顶水平位移均未超限。

1 号高架左幅墩柱偏位检测结果见表 6-2，1 号高架桥左幅 8 号墩柱偏位及支座串动示意如图 6-17 所示。

表 6-2　1 号高架左幅墩柱偏位检测结果

测试墩柱	墩顶相对墩底纵偏位（mm）	测量墩柱高度（m）	垂直度（％）	倾斜方向	规范允许值（mm）	是否超限
L7 墩柱（薄壁墩）	+29.5	35.8733	0.08	大桩号侧	31.6	否
L8 墩柱（薄壁墩）	−35.6	33.6125	0.11	小桩号侧		是
L9-1 立柱	−16.3	8.1917	0.20	小桩号侧		否
L9-2 立柱	−23.8	20.768	0.11	小桩号侧		否

注：本表中相对偏差值为"+"表示墩柱顶部相对墩柱底部往大桩号方向的偏位量，相对偏差值为"−"表示墩柱往小桩号方向的偏位量。

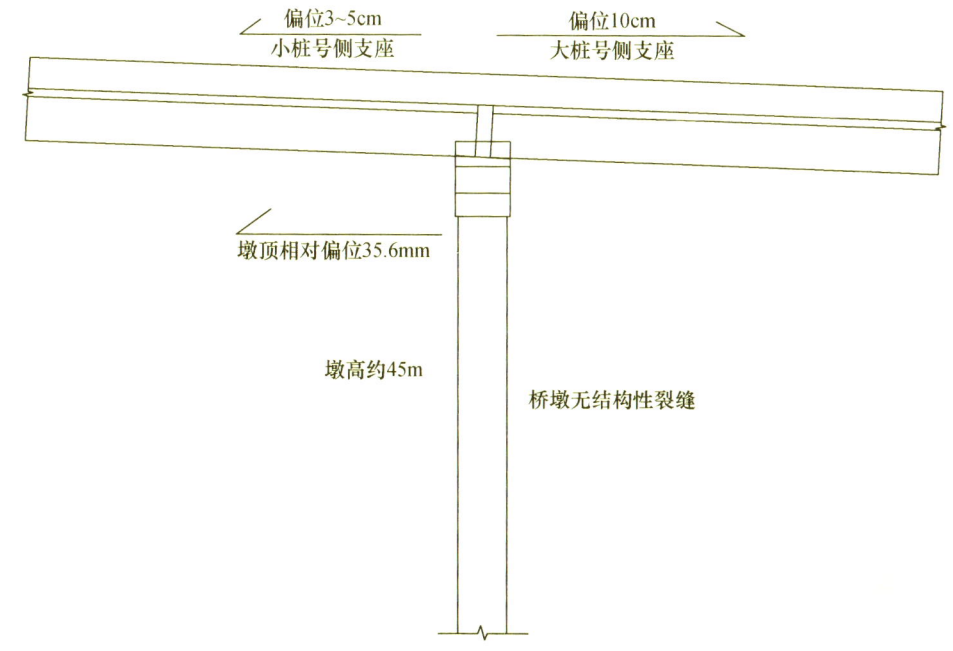

图 6-17　1号高架桥左幅 8 号墩支座串动及墩柱偏位示意图

6.2.2.2　2号高架桥

（1）支座检测结果

2号高架桥采用 FCQZ-Ⅱ型盆式橡胶支座，经现场检测，该桥支座布置形式与设计一致，支座偏位情况如下：

① 左、右幅 5 号过渡墩墩顶支座存在明显串动（图 6-18～图 6-21），即支座上钢板相对支座往下坡方向（小桩号侧）串动，串动最大位移 7cm。

② 左、右幅其余墩顶支座未见异常。

③ 全桥伸缩缝型钢间距未见明显异常。

2号高架桥左、右幅支座病害信息见表 6-3。

表 6-3　2号高架桥左、右幅幅支座病害信息表

序号	构件编号	构件名称	病害类型	病害位置	范围、程度（cm）
1	ZZ-L-5-5-2 号	墩顶双排支座	位置串动	向小桩号侧串动	7
2	ZZ-L-5-5-3 号	墩顶双排支座	位置串动	向小桩号侧串动	7
3	ZZ-L-5-5-4 号	墩顶双排支座	位置串动	向小桩号侧串动	7
4	ZZ-L-5-5-5 号	墩顶双排支座	位置串动	向小桩号侧串动	7
5	ZZ-R-5-5-1 号	墩顶双排支座	位置串动	向小桩号侧串动	7
6	ZZ-R-5-5-2 号	墩顶双排支座	位置串动	向小桩号侧串动	7

图 6-18　ZZ-L-5-5-2 号支座串动

图 6-19　ZZ-L-5-5-3 号支座串动

图 6-20　ZZ-L-5-5-4 号支座串动

图 6-21　ZZ-R-5-5-2 号支座串动

(2) 墩柱偏位检测结果

本次检测发现左、右幅 5 号墩墩顶支座存在明显位移，因此对该桥 4～6 号墩立柱竖直度及偏位进行了测量，检测结果表明：

① 左幅（过渡墩）L5-1 立柱墩顶水平位移已超限，墩柱顶部相对墩柱底部向大桩号侧偏位 29.9mm。

② 左幅（过渡墩）L5-2 立柱墩顶水平位移已超限，墩柱顶部相对墩柱底部向大桩号侧偏位 47.9mm。

③ 右幅（过渡墩）R5-1 立柱墩顶水平位移已超限，墩柱顶部相对墩柱底部向大桩号侧偏位 123.8mm。

④ 右幅（过渡墩）R5-2 立柱墩顶水平位移已超限，墩柱顶部相对墩柱底部向大桩号侧偏位 50.7mm。

⑤ 其余桥墩墩顶水平位移均未超限。

2 号高架桥左、右幅墩柱偏位检测结果见表 6-4，墩柱偏位及支座串动示意见图 6-22。

表 6-4　2号高架桥左、右幅墩柱偏位检测结果

测试墩柱	墩顶相对墩底纵偏位（mm）	测量墩柱高度（m）	垂直度（‰）	倾斜方向	规范允许值（mm）	是否超限
L4-1立柱	+26.5	26.3862	0.10	大桩号侧		否
L4-2立柱	+14.7	23.9720	0.06	大桩号侧		否
R4-1立柱	+22.9	20.0998	0.11	大桩号侧		否
R4-2立柱	+0.3	15.7386	0.00	大桩号侧		否
L5-1立柱	+29.9	26.8345	0.11	大桩号侧		是
L5-2立柱	+47.9	25.4782	0.19	大桩号侧	$5\sqrt{L}=27.4$	是
R5-1立柱	+123.8	27.1225	0.46	大桩号侧		是
R5-2立柱	+50.7	28.7696	0.18	大桩号侧		是
L6-1立柱	−20.4	20.6404	0.10	小桩号侧		否
L6-2立柱	+0.3	18.5877	0.00	大桩号侧		否
R6-1立柱	−3.3	20.6123	0.02	小桩号侧		否
R6-2立柱	−1.7	15.3064	0.01	小桩号侧		否

注：本表中相对偏差值为"+"表示墩柱顶部相对墩柱底部往大桩号方向的偏位量，相对偏差值为"−"表示墩柱往小桩号方向的偏位量。

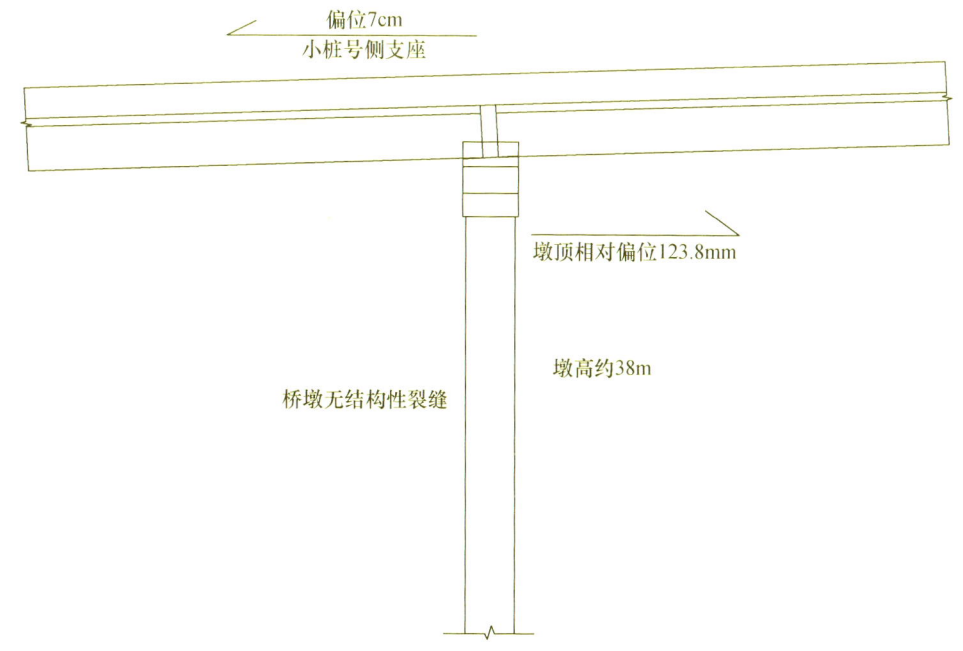

图 6-22　2号高架桥右幅5号墩支座串动及墩柱偏位示意图

6.2.2.3　3号大桥

（1）支座检测结果

3号大桥左、右幅5号～8号墩采用墩梁固结，其余墩台采用FCQZ-Ⅱ型盆式橡胶

支座。经现场检测，该桥支座布置形式与设计一致，支座偏位情况如下：

① 左、右幅 4 号过渡墩顶及 9 号过渡墩顶支座存在明显串动，其中 4 号过渡墩顶支座上钢板相对支座往下坡方向（大桩号侧）串动，串动最大位移 10cm（图 6-23～图 6-30）；9 号过渡墩顶支座上钢板相对支座往上坡方向（小桩号侧）串动，串动最大位移 10cm（图 6-31～图 6-32）。

② 左、右幅其余墩顶支座未见异常。

③ 全桥伸缩缝型钢间距未见明显异常。

3 号大桥左、右幅支座病害信息见表 6-5。

表 6-5　3 号大桥左、右幅幅支座病害信息表

序号	构件编号	构件名称	病害类型	病害位置	范围、程度（cm）
1	ZZ-L-4-4-1 号	墩顶双排支座	位置串动	大桩号面	9
2	ZZ-L-4-4-2 号	墩顶双排支座	位置串动	大桩号面	5
3	ZZ-L-4-4-3 号	墩顶双排支座	位置串动	大桩号面	9
4	ZZ-L-4-4-4 号	墩顶双排支座	位置串动	大桩号面	4
5	ZZ-L-4-4-5 号	墩顶双排支座	位置串动	大桩号面	5
6	ZZ-L-4-4-6 号	墩顶双排支座	位置串动	大桩号面	5
7	ZZ-L-4-4-7 号	墩顶双排支座	位置串动	大桩号面	8
8	ZZ-L-5-4-1 号	墩顶双排支座	位置串动	大桩号面	9
9	ZZ-L-5-4-2 号	墩顶双排支座	位置串动	大桩号面	5
10	ZZ-L-5-4-3 号	墩顶双排支座	位置串动	大桩号面	5
11	ZZ-L-5-4-4 号	墩顶双排支座	位置串动	大桩号面	5
12	ZZ-L-5-4-5 号	墩顶双排支座	位置串动	大桩号面	9
13	ZZ-L-5-4-6 号	墩顶双排支座	位置串动	大桩号面	5
14	ZZ-L-5-4-7 号	墩顶双排支座	位置串动	大桩号面	9
15	ZZ-R-4-4-3 号	墩顶双排支座	位置串动	大桩号面	5
16	ZZ-R-4-4-4 号	墩顶双排支座	位置串动	大桩号面	5
17	ZZ-R-4-4-6 号	墩顶双排支座	位置串动	小桩号面	—
18	ZZ-R-4-4-7 号	墩顶双排支座	位置串动	小桩号面	—
19	ZZ-R-5-4-1 号	墩顶双排支座	位置串动	大桩号面	10
20	ZZ-R-5-4-2 号	墩顶双排支座	位置串动	大桩号面	10
21	ZZ-R-5-4-3 号	墩顶双排支座	位置串动	大桩号面	10
22	ZZ-R-5-4-4 号	墩顶双排支座	位置串动	大桩号面	10
23	ZZ-R-5-4-5 号	墩顶双排支座	位置串动	大桩号面	10
24	ZZ-R-9-9-1 号	墩顶双排支座	位置串动	小桩号面	10
25	ZZ-R-9-9-2 号	墩顶双排支座	位置串动	小桩号面	10
26	ZZ-R-9-9-3 号	墩顶双排支座	位置串动	小桩号面	5
27	ZZ-R-9-9-4 号	墩顶双排支座	位置串动	小桩号面	4
28	ZZ-R-9-9-5 号	墩顶双排支座	位置串动	小桩号面	4

图 6-23　ZZ-R-4-4-3 号支座串动

图 6-24　ZZ-R-4-4-4 号支座串动

图 6-25　ZZ-R-4-4-4 号支座串动

图 6-26　ZZ-R-4-4-6 号支座串动

图 6-27　ZZ-R-4-4-7 号支座串动（一）

图 6-28　ZZ-R-4-4-7 号支座串动（二）

图 6-29　ZZ-R-5-4-1 号支座串动　　　　图 6-30　ZZ-R-5-4-2 号支座串动

图 6-31　ZZ-R-9-9-4 号支座串动　　　　图 6-32　ZZ-R-9-9-5 号支座串动

（2）墩柱偏位检测结果

本次检测发现左、右幅 4 号墩顶、9 号墩顶支座存在明显位移，因此对该桥左、右幅 4 号、9 号墩立柱竖直度及偏位进行了测量，检测结果表明：

① 左幅（过渡墩）L4-1 立柱墩顶水平位移已超限，墩柱顶部相对墩柱底部向小桩号侧偏位 37.0mm。

② 左幅（过渡墩）L4-2 立柱墩顶水平位移已超限，墩柱顶部相对墩柱底部向小桩号侧偏位 37.5mm。

③ 右幅（过渡墩）R4-1 立柱墩顶水平位移已超限，墩柱顶部相对墩柱底部向小桩号侧偏位 32.6mm。

④ 右幅（过渡墩）R4-2 立柱墩顶水平位移已超限，墩柱顶部相对墩柱底部向小桩号侧偏位 30.7mm。

⑤ 左幅（过渡墩）L9-1 立柱墩顶水平位移已超限，墩柱顶部相对墩柱底部向小桩号侧偏位 46.2mm。

⑥ 左幅（过渡墩）L9-2 立柱墩顶水平位移已超限，墩柱顶部相对墩柱底部向小桩

号侧偏位 50.4mm。

⑦ 右幅（过渡墩）R9-1 立柱墩顶水平位移已超限，墩柱顶部相对墩柱底部向小桩号侧偏位 38.5mm。

⑧ 右幅（过渡墩）R9-2 立柱墩顶水平位移已超限，墩柱顶部相对墩柱底部向小桩号侧偏位 38.9mm。

3 号大桥左、右幅墩柱偏位检测结果见表 6-6，墩柱偏位及支座串动示意如图 6-33 所示。

表6-6　3号大桥左、右幅墩柱偏位检测结果

测试墩柱	墩顶相对墩底纵偏位（mm）	测量墩柱高度（m）	垂直度（%）	倾斜方向	规范允许值（mm）	是否超限
L4-1 立柱	−37.0	20.5226	0.18	小桩号侧	$5\sqrt{L}=27.4$	是
L4-2 立柱	−37.5	24.4606	0.15	小桩号侧		是
R4-1 立柱	−32.6	13.633	0.24	小桩号侧		是
R4-2 立柱	−30.7	9.701	0.32	小桩号侧		是
L9-1 立柱	−46.2	12.1367	0.38	小桩号侧		是
L9-2 立柱	−50.4	12.2165	0.41	小桩号侧		是
R9-1 立柱	−38.5	11.6402	0.33	小桩号侧		是
R9-2 立柱	−38.9	14.7724	0.26	小桩号侧		是

注：本表中相对偏差值为"+"表示墩柱顶部相对墩柱底部往大桩号方向的偏位量，相对偏差值为"−"表示墩柱往小桩号方向的偏位量。

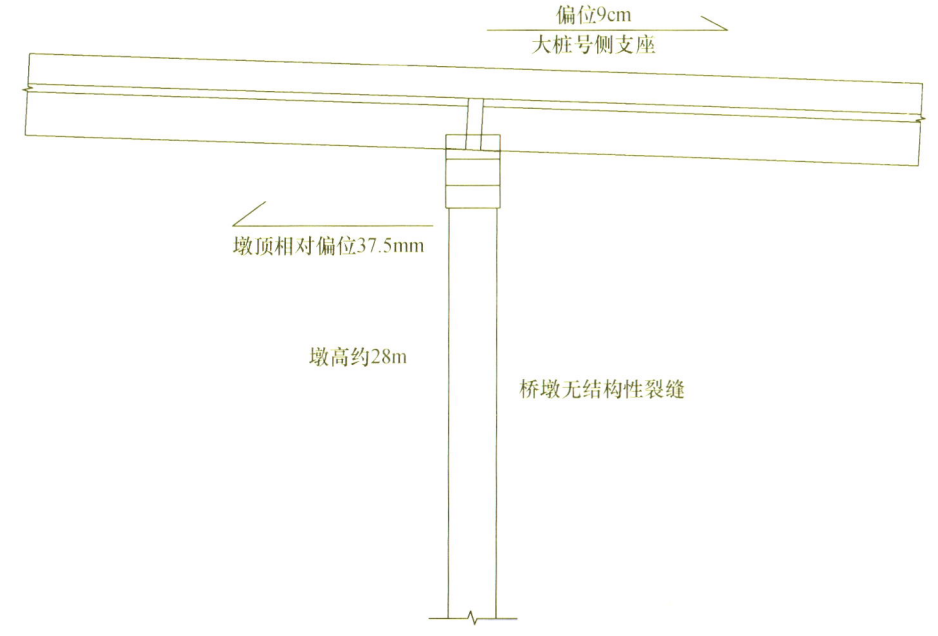

图 6-33　3 号大桥左幅 4 号墩支座串动及墩柱偏位示意图

6.3 桥墩偏位及支座滑移原因分析及结构验算

(1) 造成桥墩偏位的原因

桥墩出现偏位时间未知,但可以推算桥墩出现偏位是一个逐步发展的过程,偏位开始后未及时发现和处置,导致偏位逐渐增大。造成桥墩偏位的原因有以下几点:

① 墩柱较高,高墩的刚度相对较小,存在一定的刚架效应,在相同水平力的作用下易产生位移,且过渡墩盖梁与上部构造主梁之间均未设置纵桥向及横桥向限位装置,加剧了支座的错位。

② 本桥纵横坡均较大且墩高较高,梁底楔形块及支座调平较难保证,使得支座存在偏离或墩柱垂直度存在偏差等。此时上部梁体在温度变化、混凝土收缩徐变等因素作用下引起桥梁伸缩,进而引起支座滑移并带动桥墩发生偏位。

③ 支座钢板部分生锈会导致支座滑动前后方向的摩擦系数不一致,并进一步导致墩顶位移累积至超限。

(2) 过渡墩支座纵向相对滑移且滑移量较大的主要原因

该桥纵坡较大,支座上钢板安装未能完全符合平行于支座顶面的要求,在上部结构的自重作用下,支座与梁体间存在水平方向的分力,且本处桥墩较高,桥墩沿大桩号(上坡)倾斜,从而使支座与上钢板(梁体)产生了相对滑动错位。

(3) 下部结构现状验算

基于1号高架桥、2号高架桥和3号大桥桥墩台偏位检测结果,假定桥墩位移发生在运营期间。

① 本次验算主要内容如下:

a. 墩底内力;

b. 桥墩偏心受压正截面抗压验算;

c. 桥墩裂缝宽度验算。

② 计算依据(沿用建设期规范及标准)

《公路桥涵设计通用规范》(JTG D60);

《公路钢筋混凝土及预应力混凝土桥涵设计规范》(JTG 3362);

《混凝土结构设计规范》(GB/T 50010)。

③ 材料参数

盖梁、墩柱和系梁采用的C30混凝土、普通钢筋HRB335及普通钢筋R235有关参数见表6-7。

表6-7 材料参数一览表

材料名称	指标1	指标2
C30混凝土	弹性模量 $E_c = 3.0 \times 10^4$ MPa	标准抗压强度 $f_{ck} = 20.1$ MPa
	标准抗拉强度 $f_{ck} = 2.01$ MPa	混凝土计算密度 $\gamma = 26.5$ kN/m³

续表

材料名称	指标1	指标2
HRB335	弹性模量 $E_c = 2.0 \times 10^5$ MPa	抗拉强度标准值 $f_{sk} = 335$ MPa
	抗拉强度设计值 $f_{sd} = 280$ MPa	抗压强度设计值 $f'_{sd} = 280$ MPa
R235	弹性模量 $E_c = 2.0 \times 10^5$ MPa	抗拉强度标准值 $f_{sk} = 235$ MPa
	抗拉强度设计值 $f_{sd} = 195$ MPa	抗压强度设计值 $f'_{sd} = 195$ MPa

④ 计算方法及计算工具

根据墩柱顺桥向偏位的情况，采用专业计算软件 MIDAS 建模，在下部结构上加载支反力、移动荷载和强制位移后得到墩底内力，然后根据《桥涵设计通用规范》(JTG D60) 的荷载组合和《公路钢筋混凝土及预应力混凝土桥涵设计规范》(JTG 3362) 的轴心受压及偏心受压构件公式进行各项验算，离散模型如图 6-34～图 6-35 所示。

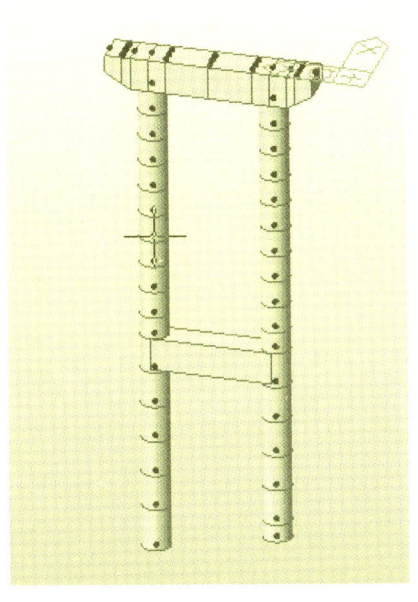

图 6-34 高架桥墩柱模型离散示意图

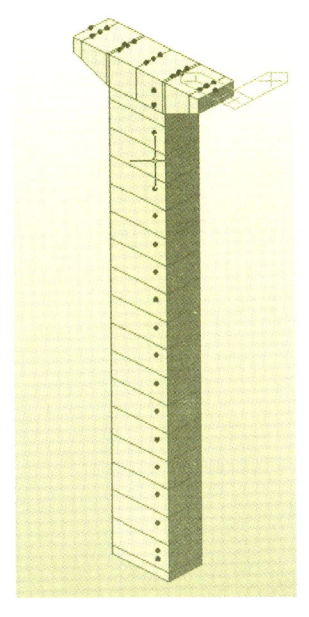

图 6-35 墩柱模型离散示意图

⑤ 验算内容

选取加固桥梁过渡墩、纵向偏位最大墩柱和墩高高度较小的墩柱进行结构验算，验算结果一览表见表 6-8。

⑥ 桥梁现状理论计算分析结论

根据上述计算情况，桥梁墩柱偏位现状对桥墩影响情况如下：

a. 2 号高架桥左幅 L-5-2 号墩、右幅 R-5-1 号墩底正截面抗压验算不满足要求，R-5-1 号墩裂缝验算不满足要求。

b. 1 号高架桥 L-8 号墩按双向偏心受压构件计算，顺桥向轴力最小时受力最为不利，安全系数 1.81，满足规范要求；L-8 号墩裂缝验算满足要求。

c. 3 号大桥左幅 L-9-1 号墩、L-9-2 号墩底正截面抗压验算不满足要求，L-9-1 号墩、L-9-2 号墩裂缝验算不满足要求。

d. 2 号高架桥和 3 号大桥桥墩底正截面抗压验算和裂缝验算不满足要求，考虑到墩顶位移在较大水平力作用下产生，墩柱纠偏回到轴心受压状态，正截面抗压验算满足规范要求。根据现行规范要求，桥墩 $\frac{e_0}{r} \leqslant 0.55$，可不进行裂缝宽度验算。

表 6-8 验算结果一览表

桥梁名称	桥墩编号	墩高 (m)	正截面抗压验算						裂缝宽度验算	验算结果
			轴心受压			偏心受压（M_y）			裂缝宽度 (mm)	
			抗压设计值 (kN)	抗压承载力 (kN)	安全系数	抗压设计值 (kN)	抗压承载力 (kN)	安全系数		
2 号高架桥	L-5-1 号墩	26.83	11135.6	20437	1.83	11135.6	26560	2.39	0.00	满足要求
	L-5-2 号墩	25.48	11040.9	21206.9	1.92	11040.9	10727	0.82	0.12	满足要求
	R-5-1 号墩	27.12	11170.6	20271.6	1.81	11170.6	4400.5	0.39	0.34	不满足要求
	R-5-2 号墩	28.77	11253.2	19184.3	1.70	11253.2	18586.3	1.65	0.00	满足要求
1 号高架桥	L-8 号墩	33.61	31780	120202	3.78	31780	57559.3	1.81	0.05	满足要求
3 号大桥	L-9-1 号墩	12.14	13214.8	37261.1	2.82	13214.8	5285.3	0.4	0.45	不满足要求
	L-9-2 号墩	12.22	13026.2	37234.2	2.86	13026.2	4444.8	0.34	0.51	不满足要求

注：表中裂缝宽度为"0.00"代表着截面受拉区最外缘钢筋应力≤24MPa，无须验算裂缝宽度。

现场检测桥墩无结构性病害，说明偏位情况并非全部在运营期造成，存在建设期偏位的可能性。为防止桥墩偏位持续发展，对桥梁构件造成结构安全影响，应及时对偏位墩柱进行纠偏。

高墩柱严重偏位对桥梁的影响较大，首先上部构造 T 梁端与盖梁顶面刚性接触，无法协调上部构造与下部构造的纵向变形及转角变形，会导致梁端混凝土开裂严重、病害继续发展，有落梁的安全隐患。

桥墩出现偏位的时间未知，可以推算，桥墩出现偏位是一个逐步发展的过程，偏位开始后未及时发现和及时处置，导致偏位逐渐增大。在排除不稳定地质引起桥墩倾斜的可能性。

6.4 桥梁加固修复主要内容

为确保桥梁的安全运营和耐久性,必须对其进行复位修复。结合桥梁现阶段结构偏位、裂缝分布、结构计算和其他病害等基本状况,提出以下加固施工目标及措施。

6.4.1 加固设计目标

(1) 结合桥梁实际情况,以安全、高效、经济为设计目标。对过渡墩支座进行处置,改善墩柱受力,确保桥梁运营安全。

(2) 抑制墩柱纵向偏位,减少墩柱底部的附加内力,确保桥梁结构安全。

6.4.2 总体加固思路及内容

(1) 鉴于支座病害较为严重,支座滑移、转角超限或支座不水平都将对墩柱受力产生不利影响,故对符合处置原则的支座进行调平或更换处理。

(2) 支座更换后,全部支座功能变为正常,桥墩不受上部恒载反力纵桥向水平分力作用,原墩柱及桩基承载能力满足规范要求。

(3) 根据计算结果分析,对桥梁进行纠偏换支座、加永久限位装置处理,改善墩柱受力状态。

本次养护工程加固处置一览表见表 6-9。

表 6-9 加固处置一览表

序号	桥名	设计方案
1	1号高架桥(左幅)	进行8号墩纠偏、换支座并加永久限位装置
2	2号高架桥(左幅)	进行5号墩纠偏、换支座并加永久限位装置
3	2号高架桥(右幅)	进行5号墩纠偏、换支座并加永久限位装置
4	3号大桥(左幅)	进行4号、9号墩纠偏、换支座并加永久限位装置
5	3号大桥(右幅)	进行4号、9号墩纠偏、换支座并加永久限位装置

6.4.3 桥梁加固方案

6.4.3.1 支座更换

对表 6-9 中所示桥梁过渡墩顶偏位超限支座进行更换,桥梁上部结构形式为 30m 及 40m 装配式预应力混凝土 T 梁,原桥支座采用 FCQZ-Ⅱ 型盆式橡胶支座。更换后统一采用与原支座相同吨位 ZTP(TZ)1500DX 或 ZTP(TZ)1500SX 自调平支座,在选择支座型号时,需结合桥梁纵横坡选择合适的支座弧度。

在定制支座前,应复核原有支座、垫石、梁底预埋钢板的尺寸,对原桥支座上、下钢板进行除锈,检查是否存在无法使用的支座钢板,确保新换支座安装后无脱空现象。

6.4.3.2 桥墩纠偏

对 1 号高架桥左幅 8 号墩,2 号高架桥左、右幅 5 号墩,3 号大桥左、右幅 4 号、9

号墩在盖梁顶部安装 T 型梁纠偏系统。桥墩纠偏时施工采用顶推力和顶推距离双数据控制，顶推力不得超过计算顶推力，顶推距离不得超过支座偏离原设计中心线距离。

桥墩纠偏完成后对桥墩安装永久限位措施。

(1) 桥墩纠偏控制原则

桥墩纠偏顶推过程应采用顶推位移和顶推力双项控制，当顶推位移或顶推力其中一项达到设计最大值时宣告纠偏施工完成。遵循"动态设计"原则，双项控制数值均不可超出最大限值。

① 顶推位移最大限值

顶推位移最大限值应该是支座偏位距离，即支座现状位置与设计支撑中心线的偏位量。

根据原桥设计图纸，各桥设计支座中心线与梁端距离见表6-10。

表6-10 设计支座中心线与梁端距离一览表

桥墩编号	设计支座中心线与梁端距离（cm）
1号高架桥左幅8号墩	56
2号高架桥左幅5号墩	52
2号高架桥右幅5号墩	52
3号大桥左幅4号墩、9号墩	52
3号大桥右幅4号墩、9号墩	52

检测报告中支座偏位量可用于参考，但施工前应现场测量支座现状位置与设计支撑中心线的偏位量，从而准确掌握最大顶推位移。

② 顶推力最大限值

顶推力最大限值为桥墩所受摩阻力与自重滑移分力的合力，顶推力计算情况见表6-11。

(2) 顶升力、纠偏力计算

顶升力、纠偏力结果见表6-11。

表6-11 顶升力、纠偏力结果一览表

序号	桥名	水平纠偏		竖向顶升	
		水平推力（kN/个）	水平千斤顶数（个）	竖向顶升力（kN/个）	竖向千斤顶数（个）
1	1号高架桥左幅8号墩	144.1	4	1062	10
2	2号高架桥左幅5号墩	99.6	4	664	10
3	2号高架桥右幅5号墩	99.6	4	664	10
4	3号大桥左幅4号、9号墩	78.3	8	640	14
5	3号大桥右幅4号、9号墩	78.3	8	640	14

(3) 验收标准

① 纠偏验收

当桥墩纠偏出现下列情况中的一种时,可认为桥墩纠偏复位满足要求:

a. 当桥梁墩柱复位量与桥墩偏位量之间的差值控制在 2cm 以内时;

b. 当桥墩纠偏复位后,其自由反弹到一个平衡状态时。

② 支座的安装质量标准

支座的安装质量标准见表 6-12。

表 6-12 支座安装质量检查表

序号	检查项目		规定值或允许偏差	检查方法和范围
1	支座中心横桥向偏差(mm)		2	经纬仪、钢尺,所有支座
2	支座顺桥向偏差(mm)		10	经纬仪或拉线检查,所有支座
3	支座高程(mm)		符合规定	不得发生偏差、不均匀受力和脱空现象
4	支座四角高差(mm)	承压力≥500kN	1	水平尺,所有支座
		承压力<500kN	2	

6.5 本章小结

本案例桥墩倾斜是由于该桥纵坡较大,支座上钢板安装未能完全符合平行于支座顶面的要求,在上部结构的自重作用下,支座与梁体间存在水平方向的分力,且本处桥墩较高,桥墩沿大桩号(上坡)倾斜,从而使支座与上钢板(梁体)产生了相对滑动错位。遇到此类问题,首先要查清支座偏位、桥墩竖直度、伸缩缝间距等情况,后期根据结构验算结果,结合试纠偏情况,动态实施桥墩纠偏、支座更换等措施。

7 桥下基坑开挖、桩基施工等综合因素导致的桥墩倾斜案例

7.1 工程概况

1号高架桥处于深圳某高速公路整体式路基上。本桥平面位于直线上,纵断面位于 $R=20000$m 的竖曲线上。全桥共6联,[(3×30+3×30+4×30+4×30+4×30+4×30)m],上部结构采用装配式预应力混凝土简支箱梁,全桥长660m,右偏角为90°(图7-1~图7-2)。于2020年12月建成通车。桥宽2×16.25m,梁高1.6m。下部结构:0号~9号、14号~22号桥墩采用方柱式曲线外扩墩,10号~13号桥墩采用门架墩,基础采用桩基础。桥面铺装采用10cm厚沥青混凝土,左右幅0号、3号、6号、10号、14号、18号、22号桥墩采用MSKF80模块梳齿板式伸缩缝。支座左右幅0号墩大桩号侧及1号~22号墩均采用GJZ350×550×99型板式橡胶支座,左右幅0号墩小桩号侧采用GYZ500×110型板式橡胶支座。

2022年5月,某高速工程发展有限公司巡查人员发现某互通立交A匝道桥4号伸缩缝变形异常(80型伸缩缝),间隙过大(约10.5cm)。为确保桥梁安全,管养单位委托检测公司随即对某立交多座桥梁开展了长周期的变形监测工作;同时,为全面掌握桥梁病害情况,作为下一阶段开展桥梁安全评估工作的依据,管养单位委托专业单位进行专项检测和加固设计工作。

图7-1 桥梁正面照片　　　　图7-2 桥梁立面照片

7.2 检测要点

7.2.1 检测目的

根据现状病害,需要对桥梁外观质量、桥面线形、墩柱垂直度、桩基完整性等进行

检测，为1号高架桥安全性评估及加固设计提供基础检测数据。

7.2.2 检测工作内容

(1) 外观检查

桥梁外观检测主要依据《公路桥涵养护规范》(JTG 5120—2021) 和《公路桥梁技术状况评定标准》(JTG/T H21—2011)。对检查发现的缺陷进行了现场标注、影像记录和状况说明，并采用图表和文字描述等方式详细记录了缺陷的位置、范围、分布特征和严重程度，分析了发展变化趋势及可能造成的不利影响。本次检测范围为1号高架桥的第1和第2联。

① 上部承重构件

本次检查发现，该桥上部结构 L1-2 号梁底 0 号墩顶处混凝土破损，$S=(0.15 \times 0.1) m^2$（图7-3），其余梁梁底良好（图7-4）。

图7-3　L1-2号梁底混凝土破损　　　　图7-4　L3-2号梁底现状良好

② 上部一般构件

本次检查发现，3道湿接缝共存在76条横向裂缝，且均有吸附，泛白吸附长度在 0.3~0.9m 之间，病害详细情况见表7-1，病害照片如图7-5~图7-6所示。

表7-1　上部一般构件病害统计表

序号	病害位置	病害描述	照片
1	L2-1 号湿接缝	存在37条横向裂缝，且泛白 $L=0.3~0.9m$	图7-5
2	L2-3 号湿接缝	存在25条横向裂缝，且泛白 $L=0.3~0.9m$	图7-6
3	L2-4 号湿接缝	存在14条横向裂缝，且泛白 $L=0.3~0.9m$	—

③ 支座

本次检查发现，共3个支座存在局部脱空、6个支座纵向偏位、5个支座剪切变形现象，详细情况见表7-2，照片如图7-7~图7-18所示。

 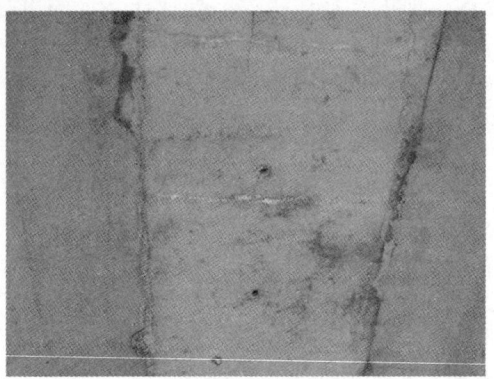

图 7-5　L2-1 号湿接缝横向裂缝　　　　图 7-6　L2-3 号湿接缝横向裂缝

表 7-2　支座情况统计表

序号	病害位置	病害描述	照片
1	L1-0-5 号支座	底部脱空 10%	图 7-7
2	L2-2-4 号支座	底部脱空 20%	图 7-8
3	L3-3-1 号支座	向小桩号偏位 5cm	图 7-9
4	L3-3-2 号支座	向大桩号剪切 20°	图 7-10
5	L3-3-3 号支座	向小桩号偏位 7cm	图 7-11
6	L3-3-5 号支座	向大桩号剪切 20°，向小桩号偏位 6cm	图 7-12
7	L4-3-4 号支座	向大桩号剪切 15°	图 7-13
8	L4-3-5 号支座	向右剪切 15°	图 7-14
9	R3-2-5 号支座	底部脱空 10%	图 7-15
10	R3-3-1 号支座	向小桩号偏位 8cm	—
11	R3-3-2 号支座	向小桩号偏位 9cm	图 7-16
12	R3-3-3 号支座	向大桩号剪切 30°	图 7-17
13	R3-3-5 号支座	向小桩号偏位 8cm	图 7-18

图 7-7　L1-0-5 号支座底部脱空 10%　　　　图 7-8　L2-2-4 号支座底部脱空 20%

图7-9 L3-3-1号支座向小桩号偏位5cm

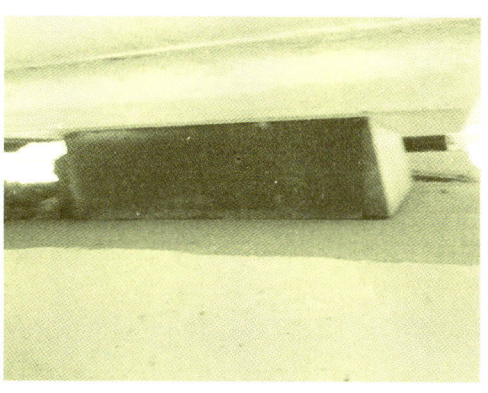
图7-10 L3-3-2号支座向大桩号剪切20°

图7-11 L3-3-3号支座向小桩号偏位7cm

图7-12 L3-3-5号支座向小桩号偏位6cm

图7-13 L4-3-4号支座向大桩号剪切15°

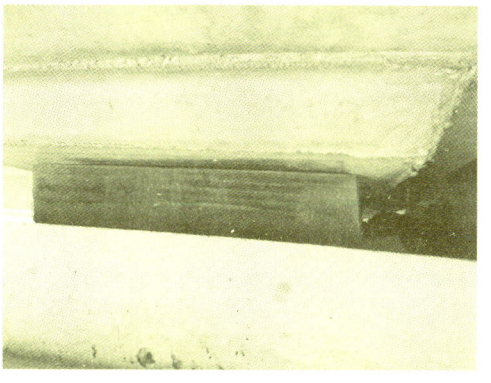
图7-14 L4-3-5号支座向右剪切15°

④ 翼墙、耳墙、锥坡、护坡

该桥未设置翼墙、耳墙、锥坡、护坡。

⑤ 桥墩

本次检查发现,4处桥墩盖梁建筑垃圾堆积,如图7-19~图7-22所示,部分桥墩良好,详见表7-3。

图7-15 R3-2-5号支座底部脱空10%

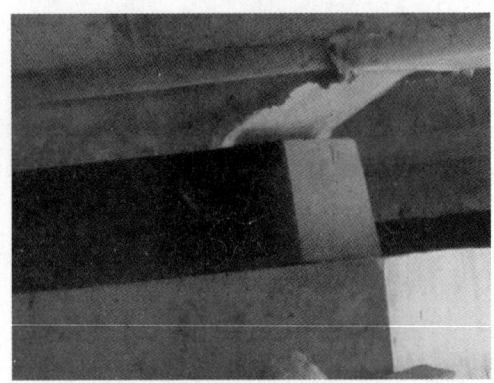

图7-16 R3-3-2号支座向小桩号偏位9cm

图7-17 R3-3-3号支座向大桩号剪切30°

图7-18 R3-3-5号支座向小桩号偏位8cm

表7-3 桥墩病害统计表

序号	病害位置	病害描述	照片
1	L0号墩盖梁	盖梁顶部建筑垃圾堆积	图7-19
2	L1号墩	现状良好	—
3	L2号墩	现状良好	图7-20
4	L3号墩盖梁	盖梁顶部建筑垃圾堆积	图7-21
5	R0号墩盖梁	盖梁顶部建筑垃圾堆积	—
6	R1号墩	现状良好	—
7	R2号墩	现状良好	—
8	R3号墩盖梁	盖梁顶部建筑垃圾堆积	图7-22

图 7-19 L0 号墩盖梁顶部建筑垃圾堆积

图 7-20 L2 号墩现状良好

图 7-21 L3 号墩盖梁顶部建筑垃圾堆积

图 7-22 R3 号墩盖梁顶部建筑垃圾堆积

⑥ 墩台基础

墩台基础现状良好,未发现明显的病害。

⑦ 桥台、河床及调治建筑物

该桥未设置桥台,该桥所处位置无河床,未设置调治建筑物。

⑧ 桥面铺装

该桥桥面采用沥青混凝土铺装。本次检查发现,第 1 联和第 2 联桥面铺装现状良好,未见明显病害。典型照片如图 7-23～图 7-24 所示。

图 7-23 左幅桥面铺装现状良好

图 7-24 右幅桥面铺装现状良好

⑨ 伸缩缝装置

本次检查发现，左幅三道伸缩缝锚固区均存在纵向裂缝，其中两道伸缩缝泥沙堵塞，L6号墩顶伸缩缝止水带破损；右幅三道伸缩缝中两道伸缩缝泥沙堵塞，R0号墩顶伸缩缝止水带破损。详情见表7-4，病害照片如图7-25~图4-34所示。

表7-4 伸缩缝装置病害统计表

序号	位置	病害描述	照片
1	L0号墩顶伸缩缝	型钢间距10mm，变形缝内泥沙堵塞	图7-25
		锚固区混凝土存在15条纵向裂缝，均长0.4m	图7-26
2	L3号墩顶伸缩缝	型钢间距7mm，变形缝内泥沙堵塞	图7-27
		锚固区混凝土存在20条纵向裂缝，均长0.4m	图7-28
3	L6号墩顶伸缩缝	型钢间距65mm，路肩处止水带破损长3m	图7-29
		锚固区混凝土存在12条纵向裂缝，均长0.4m	图7-30
4	R0号墩顶伸缩缝	型钢间距40mm，止水带通长破损	图7-31
5	R3号墩顶伸缩缝	型钢间距40mm，伸缩缝内局部泥沙堵塞	图7-32
		锚固区混凝土存在14条纵向裂缝，均长0.4m	—
6	R6号墩顶伸缩缝	型钢间距60mm，伸缩缝内局部泥沙堵塞	图7-33
		锚固区混凝土存在16条纵向裂缝，均长0.4m	图7-34

 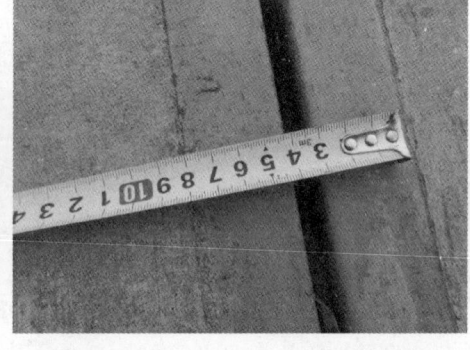

图7-25 L0号墩顶伸缩缝变形缝泥沙堵塞　　图7-26 L0号墩顶伸缩缝型钢间距

图7-27 L3号墩顶伸缩缝变形缝泥沙堵塞　　图7-28 L3号墩顶伸缩缝锚固区纵向裂缝

图 7-29　L6 号墩顶伸缩缝止水带破损

图 7-30　L6 号墩顶伸缩缝锚固区纵向裂缝

图 7-31　R0 号墩顶伸缩缝止水带破损

图 7-32　R3 号墩顶伸缩缝局部泥沙堵塞

图 7-33　R6 号墩顶伸缩缝泥沙堵塞

图 7-34　R6 号墩顶伸缩缝锚固区纵向裂缝

⑩ 栏杆、护栏

该桥采用混凝土防撞护栏。本次检查发现：左幅 5 跨混凝土防撞护栏共存在 99 条竖向裂缝，均长 1.1m，宽 0.06mm；存在 1 条 U 形裂缝 $L=2.4$m，$W=2$mm；1 处刮痕，面积 3m^2；1 处破损，面积 0.28m^2，病害详情见表 7-5，病害照片如图 7-35～图 7-42 所示。

表 7-5 混凝土防撞护栏病害统计表

序号	位置	病害描述	照片
1	L2 号墩顶处外侧混凝土防撞护栏	1 条 U 形裂缝 $L=2.4m$，$W=2mm$	图 7-35
2	L2 号跨外侧混凝土防撞护栏	22 条竖向裂缝均长 $1.1m$，$W=0.06mm$	图 7-36
3	L3 号跨外侧混凝土防撞护栏	20 条竖向裂缝均长 $1.1m$，$W=0.06mm$	图 7-37
4	L4 号跨外侧混凝土防撞护栏	20 条竖向裂缝均长 $1.1m$，$W=0.06mm$	图 7-38
5	L4 号跨外侧混凝土防撞护栏	1 处刮痕，$S=3m\times1m^2$	图 7-39
6	L5 号跨外侧混凝土防撞护栏	22 条竖向裂缝均长 $1.1m$，$W=0.06mm$	图 7-40
7	L5 号跨内侧混凝土防撞护栏	1 处破损，$S=0.7m\times0.4m^2$	图 7-41
8	L6 号跨外侧混凝土防撞护栏	15 条竖向裂缝均长 $1.1m$，$W=0.06mm$	—
9	R3 号跨外侧混凝土防撞护栏	24 条竖向裂缝均长 $1.1m$，$W=0.06mm$	—
10	R4 号跨外侧混凝土防撞护栏	24 条竖向裂缝均长 $1.1m$，$W=0.06mm$	图 7-42

图 7-35 L2 号墩顶处外侧混凝土防撞护栏 U 形裂缝

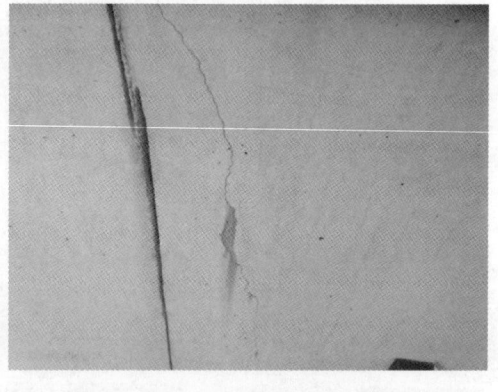

图 7-36 L2 号跨外侧混凝土防撞护栏竖向裂缝

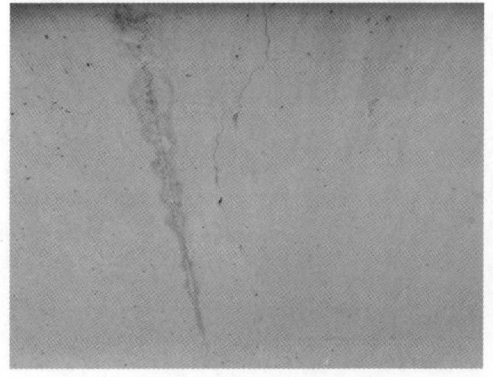

图 7-37 L3 号跨外侧混凝土防撞护栏竖向裂缝

图 7-38 L4 号跨外侧混凝土防撞护栏竖向裂缝

图 7-39　L4 号跨外侧混凝土防撞护栏刮痕　　图 7-40　L5 号跨外侧混凝土防撞护栏竖向裂缝

图 7-41　L5 号跨内侧混凝土防撞护栏破损　　图 7-42　R4 号跨外侧混凝土防撞护栏竖向裂缝

⑪ 排水设施、照明及标志

本次检查发现，该桥排水设施、照明及标志现状良好，未见明显病害。

(2) 桥面线形测量

① 测量内容

根据合同要求对 1 号高架桥第 2 联进行桥面线形测量；左右幅分别在中央分隔带侧和应急停车带侧各设置一条测线，每 5m 设置一个测点。

② 测量方法

根据《工程测量标准》(GB 50026—2020) 要求和该桥实际情况，选用全站仪进行桥面线形测量，监测方法如下：

选定全站仪测量坐标高程的方法，核查原有高程控制网是否能作为桥面线形观测的依据。

对 1 号高架桥第 2 联左右幅共 4 条测线进行坐标测量，共布设 76 个测点 (图 7-43)；左幅实测点高程与设计高程差值处于 $-12 \sim 25.6$ mm 之间，右幅实测点高程与设计高程差值处于 $-16 \sim 21$ mm 之间。测量结果见表 7-6～表 7-9。

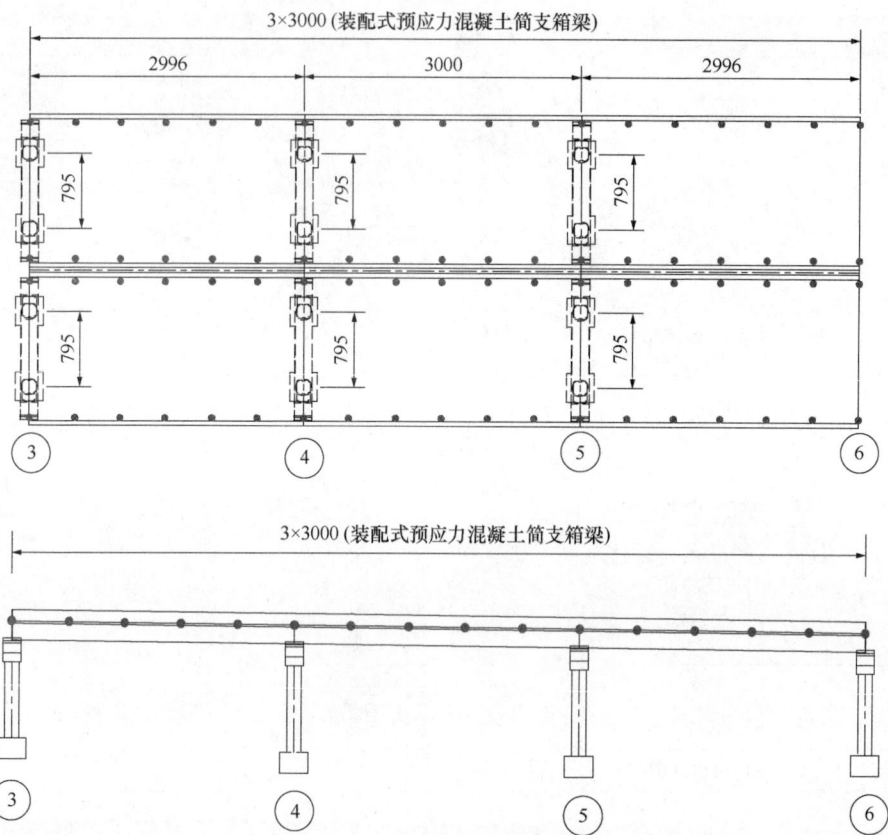

图 7-43　1 号高架桥第 2 联桥面线形测点布置示意图

表 7-6　左幅桥面中央分隔带侧线形测量结果

序号	桩号	偏距（m）	设计高程（m）	实测高程（m）	差值（mm）
1	K0+919.561	7.5	12.177	12.182	5
2	K0+914.836	7.5	12.225	12.233	8
3	K0+910.057	7.5	12.272	12.285	13
4	K0+905.042	7.5	12.323	12.321	−2
5	K0+900.073	7.5	12.372	12.376	4
6	K0+894.917	7.5	12.424	12.440	16
7	K0+890.079	7.5	12.472	12.485	13
8	K0+885.061	7.5	12.522	12.525	3
9	K0+880.089	7.5	12.572	12.563	−9
10	K0+875.082	7.5	12.622	12.636	14
11	K0+870.091	7.5	12.672	12.677	5
12	K0+864.936	7.5	12.724	12.728	4
13	K0+860.103	7.5	12.772	12.790	18
14	K0+854.970	7.5	12.823	12.811	−12

续表

序号	桩号	偏距 (m)	设计高程 (m)	实测高程 (m)	差值 (mm)
15	K0+850.107	7.5	12.872	12.867	-5
16	K0+845.119	7.5	12.922	12.936	14
17	K0+840.113	7.5	12.972	12.987	15
18	K0+835.113	7.5	13.022	13.044	22
19	K0+830.603	7.5	13.067	13.069	2

注：偏距指测点距桥墩中心线的水平距离，余同。

表 7-7　左幅桥面应急车道侧线形测量结果

序号	桩号	偏距 (m)	设计高程 (m)	实测高程 (m)	差值 (mm)
1	K0+919.561	7.4	11.879	11.884	5
2	K0+914.836	7.4	11.926	11.927	1
3	K0+910.057	7.4	11.974	11.980	6
4	K0+905.042	7.4	12.025	12.031	6
5	K0+900.073	7.4	12.075	12.085	10
6	K0+894.917	7.4	12.126	12.140	14
7	K0+890.079	7.4	12.175	12.195	20
8	K0+885.061	7.4	12.23	12.252	22
9	K0+880.089	7.4	12.275	12.285	10
10	K0+875.082	7.4	12.325	12.337	12
11	K0+870.091	7.4	12.374	12.390	16
12	K0+864.936	7.4	12.427	12.444	17
13	K0+860.103	7.4	12.475	12.494	19
14	K0+854.970	7.4	12.527	12.547	20
15	K0+850.107	7.4	12.575	12.593	18
16	K0+845.119	7.4	12.625	12.651	26
17	K0+840.113	7.4	12.675	12.694	19
18	K0+835.113	7.4	12.73	12.743	13
19	K0+830.603	7.4	12.771	12.788	17

表 7-8　右幅桥面中央分隔带侧线形测量结果

序号	桩号	偏距 (m)	设计高程 (m)	实测高程 (m)	差值 (mm)
1	K0+919.529	7.5	12.178	12.166	-12
2	K0+914.800	7.5	12.225	12.228	3
3	K0+909.962	7.5	12.273	12.267	-6
4	K0+904.974	7.5	12.323	12.334	11
5	K0+899.973	7.5	12.373	12.381	8
6	K0+894.905	7.5	12.424	12.414	-10

续表

序号	桩号	偏距（m）	设计高程（m）	实测高程（m）	差值（mm）
7	K0+889.977	7.5	12.473	12.485	12
8	K0+885.111	7.5	12.522	12.537	15
9	K0+879.971	7.5	12.573	12.587	14
10	K0+875.021	7.5	12.623	12.638	15
11	K0+870.013	7.5	12.673	12.684	11
12	K0+864.899	7.5	12.724	12.714	−10
13	K0+860.029	7.5	12.773	12.765	−8
14	K0+855.169	7.5	12.821	12.825	4
15	K0+850.011	7.5	12.873	12.881	8
16	K0+845.035	7.5	12.923	12.907	−16
17	K0+840.065	7.5	12.972	12.967	−5
18	K0+835.149	7.5	13.022	13.025	3
19	K0+830.469	7.5	13.068	13.075	7

表 7-9 右幅桥面应急车道侧线形测量结果

序号	桩号	偏距（m）	设计高程（m）	实测高程（m）	差值（mm）
1	K0+919.529	7.4	11.885	11.906	21
2	K0+914.800	7.4	11.932	11.942	10
3	K0+909.962	7.4	11.979	11.989	10
4	K0+904.974	7.4	12.029	12.040	11
5	K0+899.973	7.4	12.078	12.089	11
6	K0+894.905	7.4	12.129	12.142	13
7	K0+889.977	7.4	12.178	12.191	13
8	K0+885.111	7.4	12.227	12.240	13
9	K0+879.971	7.4	12.278	12.290	12
10	K0+875.021	7.4	12.327	12.339	12
11	K0+870.013	7.4	12.377	12.392	15
12	K0+864.899	7.4	12.429	12.440	11
13	K0+860.029	7.4	12.477	12.483	6
14	K0+855.169	7.4	12.526	12.532	6
15	K0+850.011	7.4	12.578	12.585	7
16	K0+845.035	7.4	12.627	12.634	7
17	K0+840.065	7.4	12.676	12.687	11
18	K0+835.149	7.4	12.725	12.735	10
19	K0+830.469	7.4	12.773	12.788	15

(3) 墩柱竖直度测量

① 测量内容

根据合同要求对1号高架桥第2联共16个墩柱进行墩柱竖直度测量。为测定墩柱在纵向和横向上的竖直度，在每一根墩柱上布设测点。测点布置位置如图7-44、图7-45所示。现场检查选取墩柱两个方位（纵向和横向），在一个方位墩柱竖直面上选取 A、B 两点贴徕卡（Leica）反光贴片，其中 A 点处于盖梁底面与墩柱交界线中间位置，B 点在墩柱接近地面位置（A、B 两点位于墩柱的同一竖向剖面）。

从小桩号往大桩号方向编号，根据墩号编号X，从左幅向右幅编号Y，则墩柱编号X-Y，如15-1为15号墩1号墩柱。

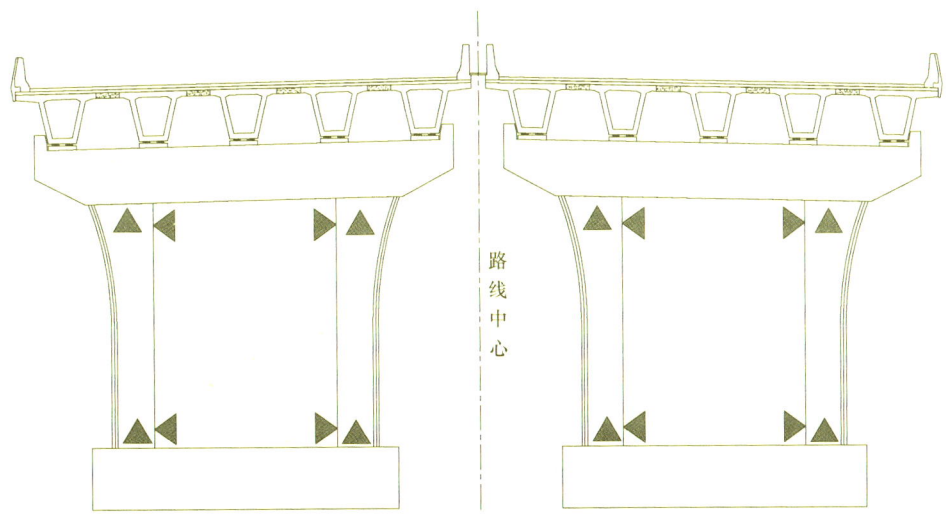

图7-44 墩柱垂直度测点布置示意图

② 测量方法

墩柱竖直度观测采用LeicaTCR1201全站仪（1″级）及游标卡尺，用全站仪投影法进行测量。墩柱倾斜度观测时正对墩柱架设全站仪，照准墩柱顶外侧面的反光贴片 A，转动垂直螺旋使全站仪照准墩底部反光贴片 B 的高度位置，使用游标卡尺测量全站仪照准点与墩底反光贴片 B 中心的水平距离 d，将第1次测量水平距离 d 作为初始值 d_0，采用全站仪三角高程测量两反光贴片之间的高差 h。第 N 次水平距离 d_n 与第1次水平距离 d 的差值与两反光贴片高差 h 的比值即为墩柱竖直度。初始状态将墩柱顶部 A 点与 B 点布设在同一垂直竖线上，初始值为0。如布设过程受现场条件限制未在同一竖向垂直线上时，应当记录 A 点竖向垂直投影到 B 点水平线上的水平距离作为初始值 d_0。测试方式示意图如图7-45所示。

根据合同要求对1号高架桥第2联（即3号～6号墩）的墩柱进行了竖直度测量。根据测量结果可知，1号高架桥第2联L5-2号墩柱墩顶偏位最大，向大桩号侧纵向偏位40.5mm，倾斜度为13.6‰；第2联大部分墩柱竖直度均超出允许偏差值，合格率为28.1%。测量结果见表7-10，测量结果示意如图7-46所示。

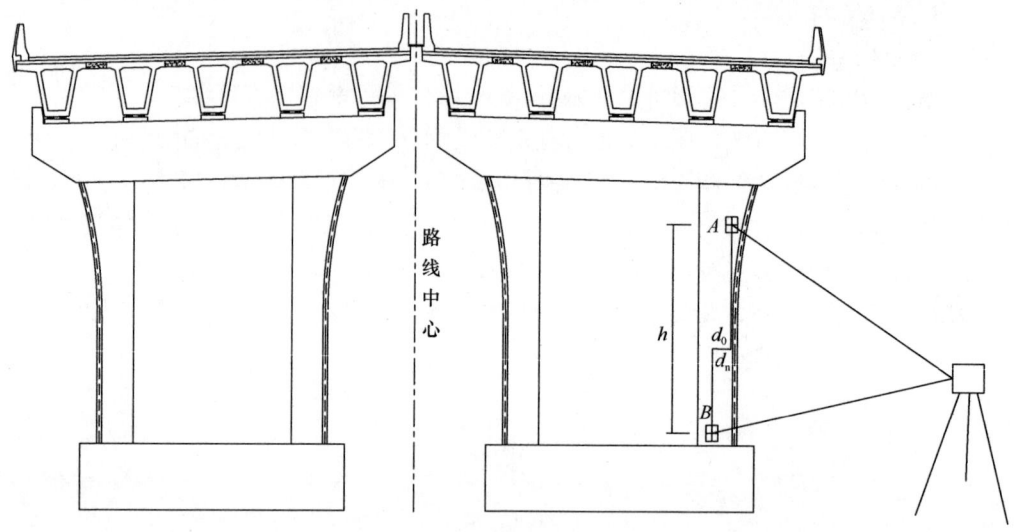

图 7-45 墩柱垂直度测试示意图

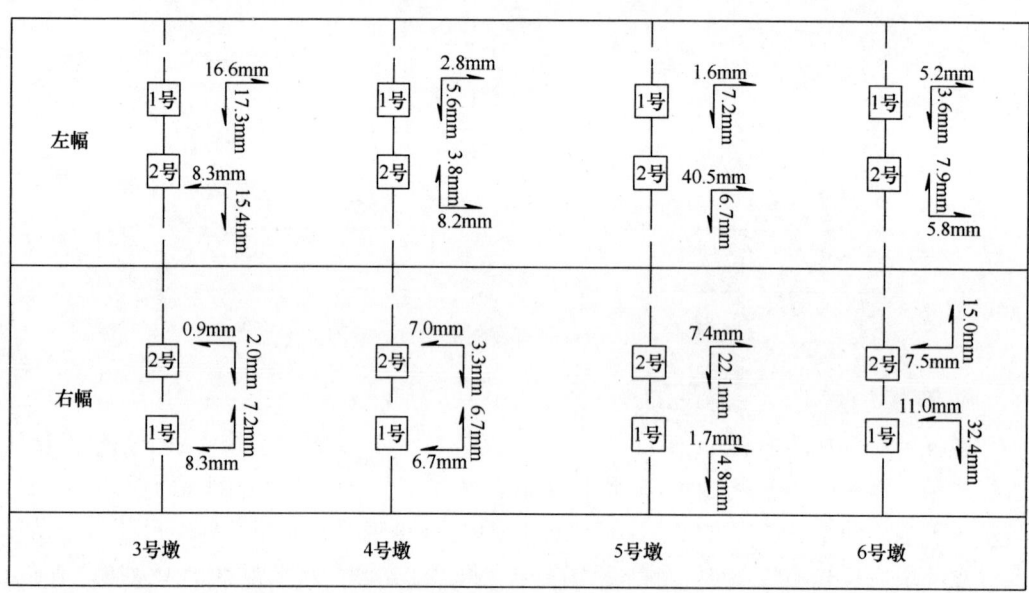

图 7-46 墩柱竖直度偏位示意图

表 7-10 1号高架桥第 2 联竖直度测量结果

点号		ΔX 差值（mm）	ΔY 差值（mm）	截距（m）	倾斜度（‰）	墩顶偏位（mm）	偏位方向	允许偏差值（mm）	是否超限
L3-1	纵向	11.4	−12	3.9	4.3	16.6	大桩号侧	≤5	是
	横向	−14.9	−8.8	3.7	4.7	17.3	右侧	≤5	是
L3-2	纵向	7.1	4.3	4.2	2.0	8.3	小桩号侧	≤5	是
	横向	11.0	−10.8	4.0	3.8	15.4	右侧	≤5	是

续表

点号		ΔX差值 (mm)	ΔY差值 (mm)	截距 (m)	倾斜度 (‰)	墩顶偏位 (mm)	偏位方向	允许偏差值 (mm)	是否超限
L4-1	纵向	-2.8	0.3	2.7	1.0	2.8	大桩号侧	≤5	否
	横向	-2.8	-4.8	2.6	2.2	5.6	右侧	≤5	是
L4-2	纵向	7.0	1.2	3.0	2.7	8.2	大桩号侧	≤5	是
	横向	-1.0	3.7	2.9	1.3	3.8	左侧	≤5	否
L5-1	纵向	-1.5	-0.5	2.9	0.6	1.6	大桩号侧	≤5	否
	横向	5.6	-4.6	3.0	2.4	7.2	右侧	≤5	是
L5-2	纵向	27.6	-29.6	3.0	13.6	40.5	大桩号侧	≤5	是
	横向	0.1	6.7	3.0	2.2	6.7	右侧	≤5	是
L6-1	纵向	2.6	4.5	3.4	1.5	5.2	大桩号侧	≤5	是
	横向	0.6	-3.6	3.3	1.1	3.6	右侧	≤5	否
L6-2	纵向	-1.8	-5.5	3.5	1.7	5.8	大桩号侧	≤5	是
	横向	7.7	-1.8	3.5	2.3	7.9	左侧	≤5	是
R3-1	纵向	-4.9	-6.7	3.4	2.5	8.3	小桩号侧	≤5	是
	横向	5.9	4.1	3.7	1.9	7.2	左侧	≤5	是
R3-2	纵向	-0.7	-0.5	4.1	0.2	0.9	小桩号侧	≤5	否
	横向	-2.0	0.3	4.0	0.5	2.0	右侧	≤5	否
R4-1	纵向	6.6	0.9	2.7	2.5	6.7	小桩号侧	≤5	是
	横向	-6.4	-2.0	2.3	2.9	6.7	左侧	≤5	是
R4-2	纵向	-4.5	-5.4	3.2	2.2	7.0	小桩号侧	≤5	是
	横向	-3.3	-0.3	2.9	1.1	3.3	右侧	≤5	否
R5-1	纵向	1.2	-1.2	3.4	0.5	1.7	大桩号侧	≤5	否
	横向	3.7	3.0	3.7	1.3	4.8	右侧	≤5	否
R5-2	纵向	4.5	-5.9	3.5	2.1	7.4	大桩号侧	≤5	是
	横向	-18.0	-12.9	3.6	6.2	22.1	右侧	≤5	是
R6-1	纵向	9.1	-6.2	2.9	3.8	11.0	小桩号侧	≤5	是
	横向	28.0	16.3	3.5	9.2	32.4	右侧	≤5	是
R6-2	纵向	7.3	1.7	3.8	2.0	7.5	小桩号侧	≤5	是
	横向	12.3	8.5	3.7	4.1	15.0	左侧	≤5	是

(4) 基桩完整性检测

本次检测对象为1号高架桥6-2号桩基（图7-47），因桩基顶部存在结构物，考虑到本桥已通车运营，采用低应变反射波法对基桩完整性进行检测，检测要求按照《公路工程基桩检测技术规程》（JTG/T 3512—2020）的要求执行。

① 桩身完整性分析宜以时域曲线为主，辅以频域分析，并结合施工情况、岩土工程勘察资料和波形特征等因素进行综合分析判定。

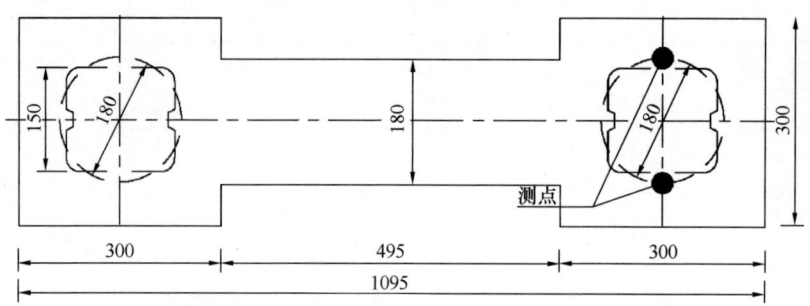

图 7-47 1 号高架桥 6-2 号桩基测点分布图

② 桩身波速平均值的确定。

当桩长已知、桩端反射信号明显时,选取相同条件下不少于 5 根 Ⅰ 类桩的桩身波速按下式计算其平均值:

$$c_m = \frac{1}{n}\sum_{i=1}^{n} c_i \tag{7-1}$$

$$c_i = \frac{2L \times 1000}{\Delta T} = 2L \cdot \Delta f \tag{7-2}$$

式中 c_m——桩身波速平均值(m/s);

c_i——第 i 根桩的桩身波速计算值(m/s);

L——完整桩桩长(m);

ΔT——时域信号第 1 峰与桩端反射波峰间的时间差(ms);

Δf——幅频曲线桩端相邻谐振峰间的频差(Hz),计算时不宜取第 1 峰与第 2 峰;

n——桩基数量($n \geqslant 5$)。

③ 当桩身波速平均值无法按上式确定时,可根据本地区相同桩型及施工工艺的其他桩基工程的测试结果,并结合桩身混凝土强度等级与实践经验综合确定。

④ 桩身缺陷位置应按下式计算:

$$x = \frac{1}{2000} \cdot \Delta t_x \cdot c = \frac{1}{2} \cdot \frac{c}{\Delta f_x} \tag{7-3}$$

式中 x——测点至桩身缺陷之间的距离(m);

Δt_x——时域信号第 1 峰与缺陷反射波峰间的时间差(ms);

Δf_x——幅频曲线所对应缺陷的相邻谐振峰间的频差(Hz);

c——桩身波速(m/s),无法确定时用 c_m 值替代。

通过查阅施工期资料,被检桩基的基本信息见表 7-11。

表 7-11 被检基桩基本信息

桥梁	桩号	设计桩径(m)	设计桩长(m)	施工桩长(m)	混凝土设计强度等级	桩基类型
1 号高架桥	6-2	1.8	46	48.62	C30	嵌岩桩

根据低应变反射波法检测数据分析，6-2号桩基波速正常，测试深度范围内的桩身无明显异常，桩身被测区域完整性为Ⅰ类。检测结果如图7-48所示。因检测桩基桥址距离海较近，电磁波衰减大，本次钻孔雷达检测未见有效信号。

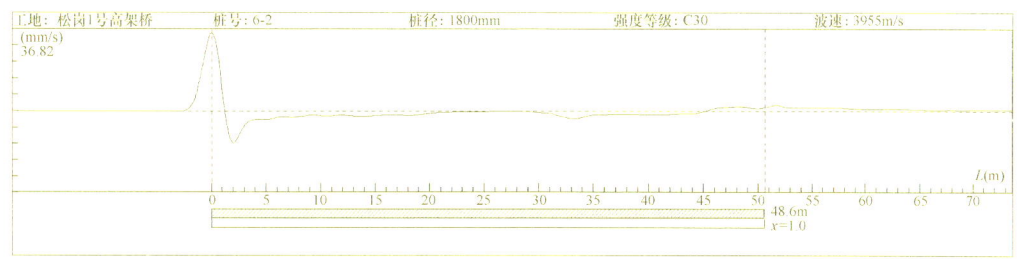

图7-48　1号高架桥6-2号桩基低应变反射波法检测曲线图

（5）与结构偏位相关测量成果

① 梁端间距测量

对1号高架桥（第1～第2联）不同跨相对主梁的梁端之间的间距进行测量。

测量值与设计值之差在-13～50mm之间，其中L3-2号梁与L4-2号梁、L3-4号梁与L4-4号梁梁端间距与设计值之差最大，为50mm。测量结果见表7-12。

表7-12　梁端间距统计表

序号	测量位置	梁端间距（mm）	设计值（mm）	与设计值之差（mm）
1	L1-1号梁0号墩处	梁端纵向间距90	80	+10
2	L1-2号梁0号墩处	梁端纵向间距85	80	+5
3	L1-3号梁0号墩处	梁端纵向间距75	80	-5
4	L1-4号梁0号墩处	梁端纵向间距90	80	+10
5	L1-5号梁0号墩处	梁端纵向间距95	80	+15
6	L1-1号梁与L2-1号梁	梁端纵向间距80	80	0
7	L1-2号梁与L2-2号梁	梁端纵向间距105	80	+25
8	L1-3号梁与L2-3号梁	梁端纵向间距67	80	-13
9	L1-4号梁与L2-4号梁	梁端纵向间距90	80	+10
10	L1-5号梁与L2-5号梁	梁端纵向间距90	80	+10
11	L2-1号梁与L3-1号梁	梁端纵向间距125	80	+45
12	L2-2号梁与L3-2号梁	梁端纵向间距120	80	+40
13	L2-3号梁与L3-3号梁	梁端纵向间距105	80	+25
14	L2-4号梁与L3-4号梁	梁端纵向间距125	80	+45
15	L2-5号梁与L3-5号梁	梁端纵向间距100	80	+20
16	L3-1号梁与L4-1号梁	梁端纵向间距95	80	+15
17	L3-2号梁与L4-2号梁	梁端纵向间距130	80	+50
18	L3-3号梁与L4-3号梁	梁端纵向间距75	80	-5
19	L3-4号梁与L4-4号梁	梁端纵向间距130	80	+50

续表

序号	测量位置	梁端间距（mm）	设计值（mm）	与设计值之差(mm)
20	L3-5号梁与L4-5号梁	梁端纵向间距110	80	+30
21	R1-5号梁与R2-5号梁	梁端纵向间距100	80	+20
22	R2-5号梁与R3-5号梁	梁端纵向间距100	80	+20
23	R3-5号梁与R4-5号梁	梁端纵向间距100	80	+20

② 盖梁顶面角点坐标测量

对1号高架桥第2联4个盖梁顶面的4个角点进行坐标测量，共16个测点（图7-49）。

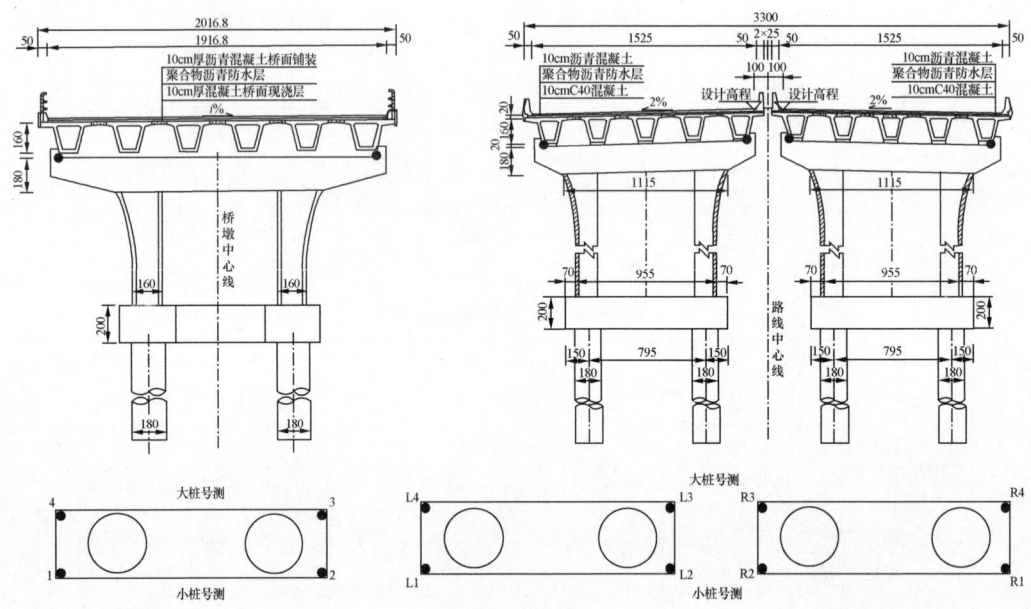

图 7-49 盖梁顶面角点坐标测点示意图

注：●为测点位置。

因未在图纸及相关资料中找到相关监测点的设计值或竣工实测值，故不再进行对比偏位，测量数据仅作为后续监测数据对比的基准值。基准控制网坐标数据见表7-13，测量结果见表7-14。

表 7-13 基准控制网坐标数据统计表

测点	坐标点			位置信息
	X（m）	Y（m）	Z（m）	
JC1	41382.3236	85269.8302	4.6425	距1号高架桥左边约100m的平台上
JC3	41163.1222	85144.2912	6.8703	距1号高架桥左幅7号墩5m处
JC4	41476.6538	85441.8714	3.3704	项目部门口左边草坡上

表 7-14 第 4 联盖梁坐标测量结果表

测点	坐标点			测点	坐标点		
	X (m)	Y (m)	H (m)		X (m)	Y (m)	H (m)
L3-1	41361.2379	85377.9089	10.6589	R3-1	41345.1176	85404.2393	10.6865
L3-2	41353.9007	85389.9379	10.9438	R3-2	41352.4874	85392.2080	10.9668
L3-3	41355.5168	85390.9469	10.9183	R3-3	41354.0988	85393.2193	10.9176
L3-4	41362.8512	85378.9153	10.6372	R3-4	41346.7185	85405.2273	10.6838
L4-1	41386.9109	85393.5029	10.3451	R4-1	41370.7923	85119.8912	10.3636
L4-2	41379.5576	85405.5985	10.6039	R4-2	41378.0135	85407.9682	10.6151
L4-3	41381.1674	85406.6016	10.6303	R4-3	41379.7340	85408.8372	10.6407
L4-4	41388.5278	85394.5155	10.3477	R4-4	41372.4163	85420.8837	10.3782
L5-1	41412.5350	85409.1511	10.0613	R5-1	41396.4196	85435.4536	10.0802
L5-2	41405.2033	85421.1924	10.3445	R5-2	41403.8256	85423.4018	10.3490
L5-3	41406.8219	85422.2013	10.3345	R5-3	41405.4246	85424.4417	10.3378
L5-4	41414.1611	85410.1359	10.0860	R5-4	41398.0873	85436.4258	10.0871
L6-1	41438.1586	85424.7045	9.7840	R6-1	41422.0716	85451.0103	9.7502
L6-2	41430.7913	85436.7659	10.0512	R6-2	41429.4113	85438.9487	10.0211
L6-3	41432.4377	85437.7277	10.0122	R6-3	41431.0707	85439.9383	10.0052
L6-4	41439.7794	85425.7030	9.9684	R6-4	41423.7011	85452.0008	9.9452

③ 桥梁周边地形高程测量

对 1 号高架桥第 1～第 3 联桥下及桥梁外侧边线 100m 范围内的桥梁周边堆载或堆土高程进行测量，共计 300 个测点。

通过测量数据可知，1 号高架桥第 2 联周边堆土最高点的高程为 6.77m，最低点的高程为 0.41m；与原地貌对比变化较小，整体填土高度范围 0.5～2.0m。

(6) 桩基完整性检测的补充

因桩基顶部存在结构物，本次检测采用在桩身外侧设置探管，利用探管采用旁孔透射波法（图 7-50）和钻孔雷达法（图 7-51）进行检测。

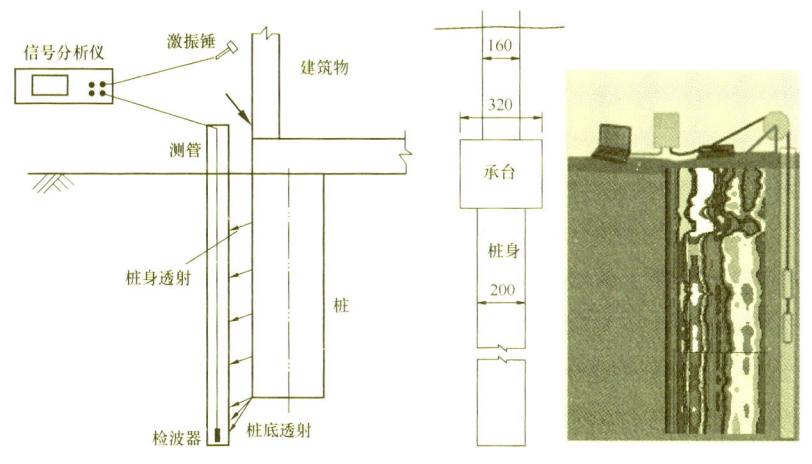

图 7-50 旁孔透射波法　　图 7-51 钻孔雷达法

由于检测桩基距离海较近,电磁波衰减大,本次钻孔雷达检测未见有效信号。

旁孔透射波沿探孔的实测信号组合为时间-深度剖面图,以信号中首至波的"起跳"位置确定其到达时间。

对于嵌岩桩,因嵌岩段桩周岩体和桩身混凝土两者的介质差异一般较小,测试信号首播走时在桩底位置不易形成明显拐点,不宜采用旁孔透射波法检测嵌岩桩的桩长;但对于入岩位置以上的桩身段,若测试信号首波走时没有明显拐点,以一条直线拟合,由其确定的桩身 P 波速度处于正常范围,则认为入岩位置以上桩身段的桩身完整。

利用设置的探孔检测获得的被检桩基旁孔透射波法信号,对应的检测分析结果见表 7-15,检测结果图如图 7-52~图 7-53 所示。根据检测分析结果,被检桩基波速正常,测试深度范围内的桩身无明显异常。

表 7-15　旁孔透射波法检测分析结果

桥梁名称	桩号	探孔号	旁孔透射波法检测结果	
			桩身波速（m/s）	备注
1号高架桥	6-2号	1号	3750	测试深度有限
		2号	4044	测试深度有限

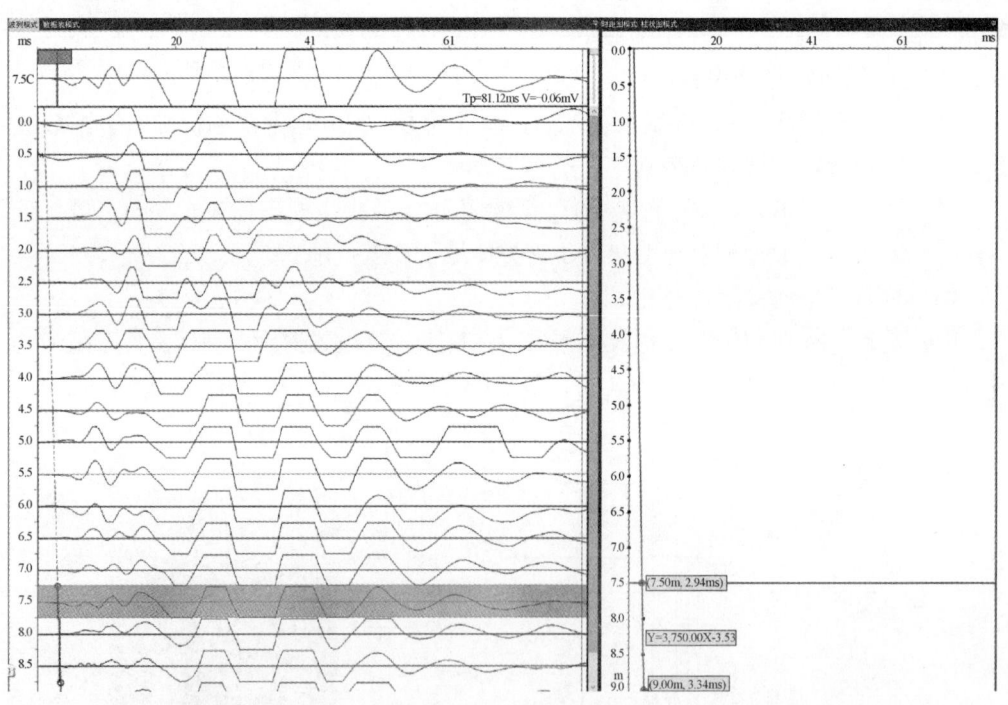

图 7-52　1号高架桥 6-2号桩 1号探孔旁孔透射波法测试信号（左为波形,右为拟合线）

（7）地质状况调查

本次在 1号高架桥 6-2号桩基外侧土层中竖直钻孔,钻孔布置在桩基大小桩号侧,钻孔与承台净距为 100cm,通过钻孔了解桩基位置附近的岩层分布情况,被检桩身岩土

7 桥下基坑开挖、桩基施工等综合因素导致的桥墩倾斜案例

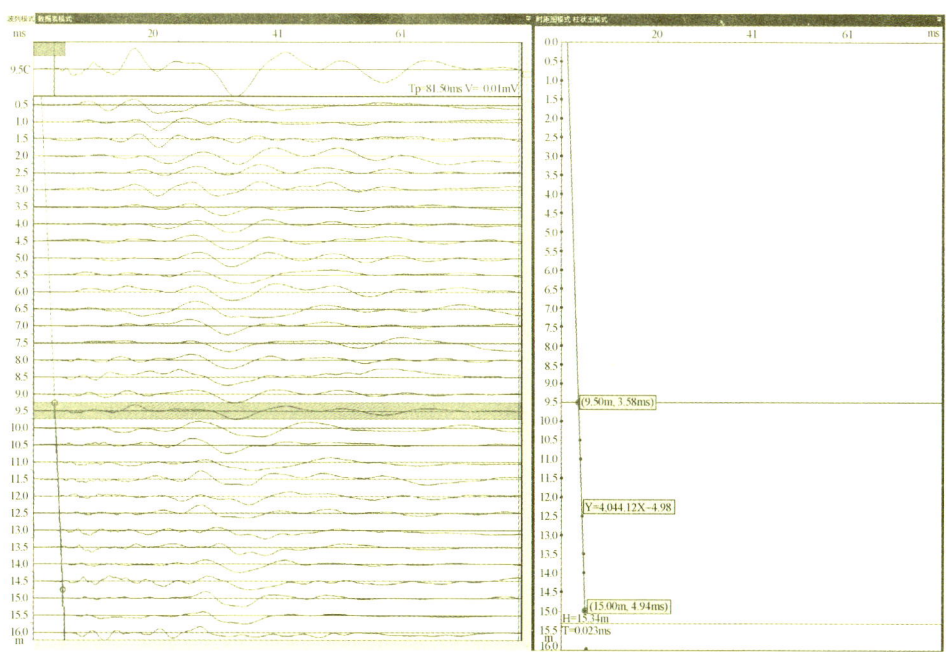

图 7-53　1 号高架桥 6-2 号桩 2 号探孔旁孔透射波法测试信号（左为波形，右为拟合线）

层钻孔情况见表 7-16。芯样如图 7-54～图 7-58 所示。

表 7-16　桩身岩土层钻孔情况表

桥名	1 号高架桥	桩号	6-2	探孔号	1 号	终孔深度	45m
分层深度	岩土层描述						
0～4.3	填土						
4.3～18.6	淤泥						
18.6～23.4	强风化混合岩						
23.4～30.5	强风化混合岩夹少量砂层						
30.5～35.7	全风化混合岩						
35.7～45.0	破碎中风化混合岩						

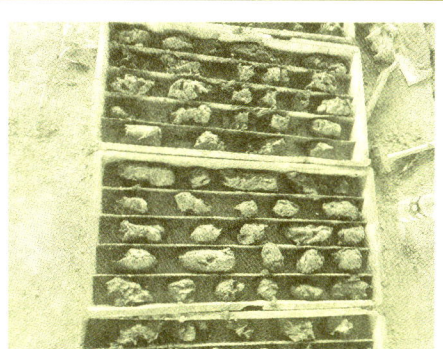

图 7-54　0～10m 芯样　　　　　　图 7-55　11～20m 芯样

图 7-56　21～25m 芯样　　　　　　　图 7-57　26～30m 芯样

图 7-58　31～45m 芯样

7.3　桥墩偏位原因分析及结构验算

7.3.1　环境变迁

通过卫星地图掌握了桥址周边环境变迁情况，具体如下：

（1）2015年1月，1号高架桥第2联桥址处原为鱼塘（图7-59）；

（2）2015年7月，1号高架桥第2联桥址处的鱼塘进行了回填，第1联桥址处场地平整后堆放有大量集装箱（图7-60）；

（3）2017年10月，集装箱已搬走，1号高架桥准备开工建设（图7-61）；

（4）2018年1月，1号高架桥下部结构施工完毕（图7-62）；

7 桥下基坑开挖、桩基施工等综合因素导致的桥墩倾斜案例

图 7-59　2015 年 1 月卫星图片

图 7-60　2015 年 7 月卫星图片

图 7-61 2017 年 10 月卫星图片

图 7-62 2018 年 1 月卫星图片

(5) 2018 年 12 月,1 号高架桥第 2 联上部主梁架完(图 7-63);

(6) 2022 年 3 月,桥梁西侧施工单位实施的大空港新城区截流河综合治理工程正在建设中(图 7-64)。据了解,该工程基坑开挖深度达 10m 左右,采用"真空联合堆载预压"施工工艺排出淤泥中的气和水,以达到软基处理的目的,本方法可能改变地下水位,进而造成周围土层活动;同时,该工程在 1 号高架桥第 1、第 2 联桥下及桥外开

图 7-63　2018 年 12 月卫星图片

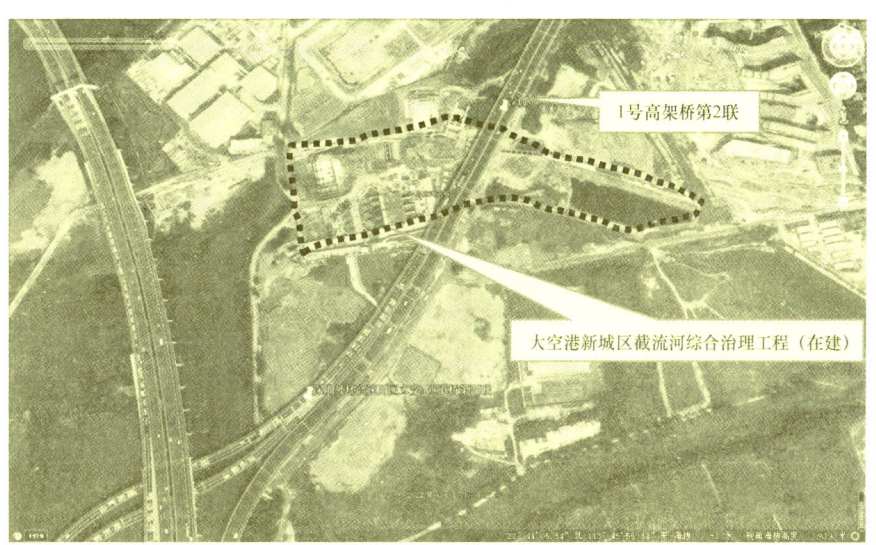

图 7-64　2022 年 3 月卫星图片

挖、堆载范围较大、采用重型施工机具较多，可能对本桥稳定性造成影响。

7.3.2　大空港新城区截流河综合治理工程

大空港新城区截流河综合治理工程主要建设内容是对截流河干流及其附属水系进行综合整治，包括综合整治截流河长 6.37km，新建南连通渠长 1.2km，拓宽加深北连通渠长 1.19km，新建集中排涝泵站 1 座，新建节制闸 5 座，新建截流箱涵 5.12km，新建污水转输管 2.85km，新建截污闸 8 座及截流井 8 座，新建污水提升泵站 2 座（图 7-65～图 7-69）。建设地点位于西北部空港新城；建设用地面积 1284684.47m²；开工日期为 2018

年1月8日；计划完工时间为2024年12月。

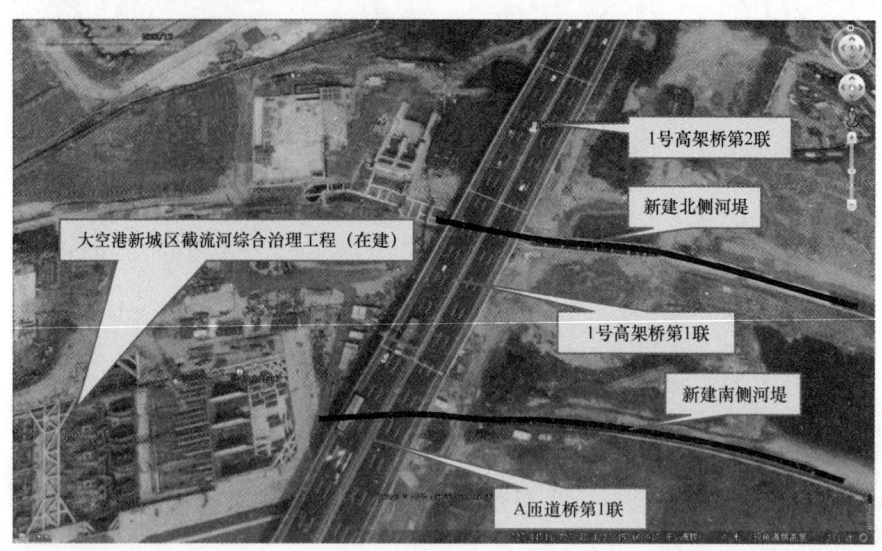

图 7-65 截流河综合治理工程与本桥位置关系图

 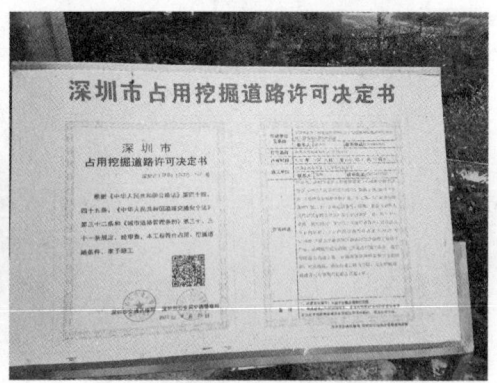

图 7-66 截流河综合治理工程施工现场照（一）　图 7-67 截流河综合治理工程施工现场照（二）

图 7-68 截流河综合治理工程施工现场照（三）　图 7-69 截流河综合治理工程施工现场照（四）

7 桥下基坑开挖、桩基施工等综合因素导致的桥墩倾斜案例

该工程下穿本桥第 1 联，在桥梁范围共用红线，交叉施工频繁，根据现场调研了解的情况，将该工程与本项目施工先后顺序梳理如下：

① 2018 年 8~10 月，本桥第 2 联主梁架设完成；
② 2018 年 9 月，施工单位实施河堤灌注桩；
③ 2018 年 11 月，施工单位 600t 静压桩机作业；
④ 2018 年 10~11 月，本桥第 1 联主梁架设完成；
⑤ 2019 年 1 月，施工单位在第 4、5 跨开通施工便道；
⑥ 2019 年 10 月，施工单位开挖河堤灌注桩；
⑦ 2019 年 11 月，监测发现 2 号、3 号墩承台偏位；
⑧ 2019 年 12 月，施工单位回填河堤灌注桩；
⑨ 2020 年 10 月后，施工单位在第 6 跨开通施工便道。

(1) 静压桩机作业

由现场踏勘搜集到的"大空港项目部主河道北段与外环高速交叉施工支护平面图"可知，2018 年，A 市水务规划设计院有限公司设计按照"大空港新城区截流河整治工程与 A 市外环高速公路施工交叉协调会会议纪要"（外环项目专〔2018〕164 号）及"大空港新城区截流河项目与外环高架桥施工交叉段施工方案及桥墩监测方案专家评审意见"，在截污箱涵两端距高架桥边线 10m 范围内各增加一排 $\phi 600mm$ 帷幕止水水泥搅拌桩，并将原 $\phi 800mm$ 管桩优化成 $\phi 800mm$ 灌注桩，新增搅拌桩共 219 根，实桩长 15m，空桩长 0.8m。优化 $\phi 800mm$ 管桩变成 $\phi 800mm$ 灌注桩共 85 根，实桩长 26m，空桩长 0.8m。

从以上信息可知，在截污箱涵两端距高架桥边线 10m 范围内原设计 $\phi 800mm$ 管桩优化成 $\phi 800mm$ 灌注桩，截污箱涵两端距高架桥边线 10m 范围外的 $\phi 800mm$ 管桩无变化；根据现场了解，$\phi 800mm$ 管桩采用 600t 静压桩机施工，管桩压入地基深度 20~30m，$\phi 800mm$ 管桩距桥梁边线最小距离约 10m，考虑静压桩机自身体积，实际作业位置紧贴桥梁边线（图 7-70~图 7-71）。

图 7-70 静压桩机作业照片（2018 年 11 月）

图 7-71 现场遗留 ϕ800mm 管桩照片（2022 年 10 月）

静压桩机吨位较大，其作业过程中还存在一定程度的冲击荷载效应；同时，预制管桩被压入地基后也会对土体周围产生挤压效果。考虑到本桥桥下地质条件较差，淤泥层较厚，静压桩机作业可能对本桥下部结构产生影响，距离作业距离越近，影响越大。实际检测发现，1 号高架桥左幅第 2 联桥墩偏位明显大于右幅第 2 联桥墩，且呈现从左到右偏位量逐渐变小的趋势。

（2）灌注桩开挖

2018 年 9 月，施工单位在 1 号高架桥第 3 跨和 A 匝道桥第 2 跨桥下均实施了灌注桩，灌注桩直径 800mm，为新建河道南北两岸河堤挡墙的桩基础。2019 年 10 月，施工单位对桥梁范围内的灌注桩进行了开挖，准备破桩头并修建河堤（图 7-72）；灌注桩开挖后，为确保桥梁安全，2019 年 11 月，本桥施工单位对 2 号、3 号桥墩承台进行了为期一周的监测，监测发现在灌注桩开挖后，本桥 2 号、3 号桥墩承台持续发生位移，随即发函给施工单位要求回填灌注桩；2019 年 12 月，施工单位将南侧河堤位置（A 匝道桥第 2 跨）灌注桩进行了回填，北侧河堤（1 号高架桥第 3 跨）则未回填，后续又进一步实施了北侧河堤挡墙和排污箱涵框架梁。

图 7-72 第 3 跨灌注桩开挖照片（2019 年 10 月）

本桥第 3 跨桥下灌注桩开挖深度 7~8m，与原状地面相比，现状深度仍有 2m 左右，灌注桩开挖、施工河堤挡墙和排污箱涵框架梁会造成 3 号墩小桩号侧土压力减小，在 3 号墩大桩号侧施工便道工程车辆的共同作用下，3号墩向小桩号侧发生偏位（图7-73）。

图7-73　第3跨桥下现状照片（2022年10月）

（3）施工便道

调研发现1号高架桥第2联第3跨桥下均存在施工便道。第4、第5跨施工便道（图7-74~图7-76）于2019年1月启用，第4跨施工便道位置紧贴左右幅3号墩，第5跨施工便道位于跨中偏向大桩号侧，桥梁左侧正对施工单位在建桥梁，目前该施工便道已铺设小石子，后期将硬化并作为大空港新城区截流河综合治理工程永久通道；第6跨施工便道（图7-77）在本桥施工单位退场后启用，位于跨中偏向大桩号侧。

图7-74　第4跨施工便道照片

图7-75　第5跨施工便道照片　　图7-76　第5跨左侧在建桥梁照片

图 7-77　第 6 跨施工便道照片

施工便道往来工程车辆吨位普遍较大，有的甚至能达到 100t 左右，考虑到本桥桥下地质条件较差，淤泥层较厚，大吨位工程车辆通行可能对本桥下部结构产生影响。其中第 4 跨施工便道紧贴着 3 号墩，在第 3 跨灌注桩开挖的共同作用下，3 号墩向小桩号侧发生偏位；第 5、第 6 跨施工便道均位于跨中偏向大桩号侧，在重型工程车辆的作用下，桥墩可能被推挤向两侧偏位。实际检测发现，1 号高架桥第 2 联 3 号墩向小桩号侧偏位，左幅 4 号～6 号墩均向大桩号侧偏位，符合预期；右幅 4 号～6 号墩偏位无明显规律，可能是由于多种因素叠加的结果。

(4) 排污箱涵

大空港新城区截流河综合治理工程在北侧河堤旁设置有一排污箱涵，该箱涵埋深约 10m，现场发现桥梁范围之外排污箱涵已经开挖，其中，桥梁右侧排污箱涵基坑开挖后已积水，左侧排污箱涵未完全开挖。桥梁范围内仅实施了灌注桩和框架梁，为避免再次开挖对本桥造成影响，施工单位拟将桥梁范围明挖排污箱梁方案调整为顶推方案穿越本桥第 3 跨（图 7-78～图 7-79）。

图 7-78　第 3 跨左侧排污箱涵照片　　　　图 7-79　第 3 跨右侧排污箱涵照片

7.3.3　病害原因分析结论

根据现场调研分析，结合类似工程经验，初步判断 1 号高架桥 3 号墩偏位病害由第

3号灌注桩开挖和第4跨施工便道重型工程车辆造成；第2联其他桥墩在桥梁左侧静压桩机作业和桥下施工便道重型工程车辆的共同作用下，发生了不同程度的偏位。

7.4 桥梁加固修复主要内容

7.4.1 设计原则

1号高架桥第2联桥墩桩基竖向承载能力和裂缝宽度均满足原设计规范要求，但裂缝宽度接近规范限值。考虑到本桥和大空港新城区截流河综合治理工程共用红线，该工程尚未完工，还将在本桥第1联桥下进行河道开挖、在第3跨桥下顶推箱涵；同时，第1、第2联桥下的多条施工便道还将继续使用，直至该工程结束。因此，本次加固设计原则如下：

（1）本桥第2联桥墩虽发生了偏位，但墩柱未发现病害；伸缩缝型钢存在挤死、支座存在偏位现象，但主梁梁端间隙基本正常；因此，本次维修加固原则上不对主梁和桥墩进行纠偏。

（2）为避免再次打破桥下基础平衡，在大空港新城区截流河综合治理工程进行下一步施工前，需通过维修加固措施提高桥梁下部结构的抗推刚度和稳定性。

（3）加固方案力求安全、经济、快捷，兼顾恢复桥梁伸缩缝、支座等构件的使用功能。

（4）本联纵断面位于下坡路段，加固设计方案应充分考虑主梁后期运营阶段的长期稳定性。

7.4.2 设计思路

（1）通过在原桥墩前后各新增一根桩基，提高桥墩的抗推刚度和稳定性。

（2）在桥墩盖梁设置钢牛腿，并布置千斤顶，通过千斤顶顶升主梁，实现支座复位。

（3）拆除重建型钢挤死的伸缩缝，恢复桥梁伸缩缝的使用功能。

7.4.3 加固方案

（1）在桥墩中心线前后各3.03m位置新增一根直径1.8m的桩基，新增桩基按端承桩设计，嵌入中风化岩层深度不小于2倍桩径；新增桩基通过新增承台同原桥墩承台相连，新增承台采用前后、左右均对称的8边形，承台厚度2.5m（图7-80）。

为防止扰动原桩基，新增桩基施工前，应设置钢护筒，钢护筒直径2.0m，壁厚20mm，设置深度应穿透淤泥层。

（2）在左右幅3号墩安装钢牛腿，作为千斤顶的支承平台，钢牛腿由Q345钢板焊接而成，采用M16自切底锚栓锚固在盖梁上，同时，钢板与盖梁间灌注粘钢胶；然后利用千斤顶顶升主梁，对发生偏位和剪切变形的支座进行复位处理；支座复位后，保留

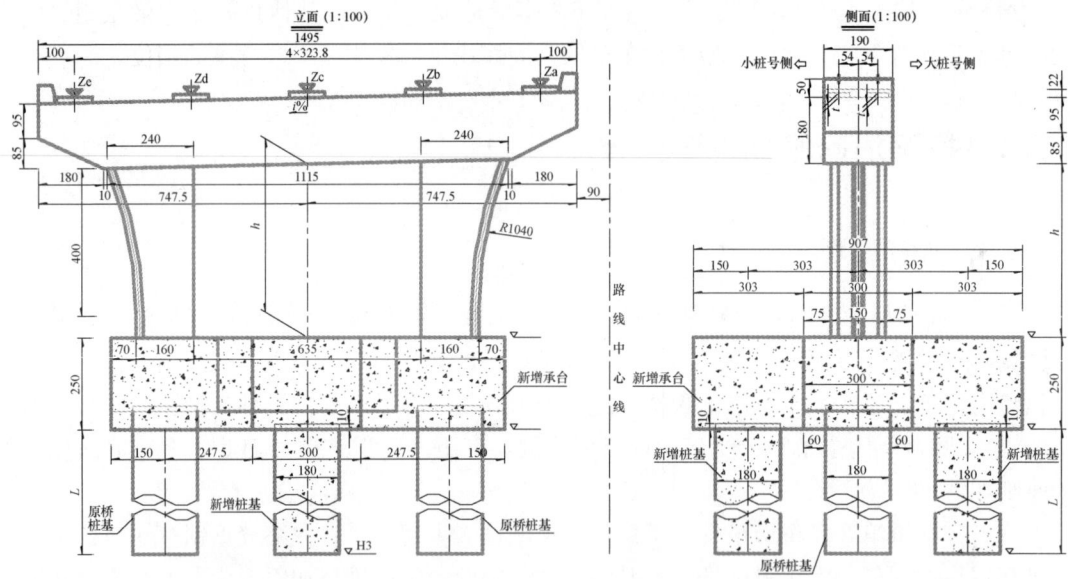

图 7-80 桥墩加固一般构造图

钢牛腿作为防落梁措施，并按钢板涂装体系的要求进行防腐涂装，主梁顶升示意图如图 7-81 所示。

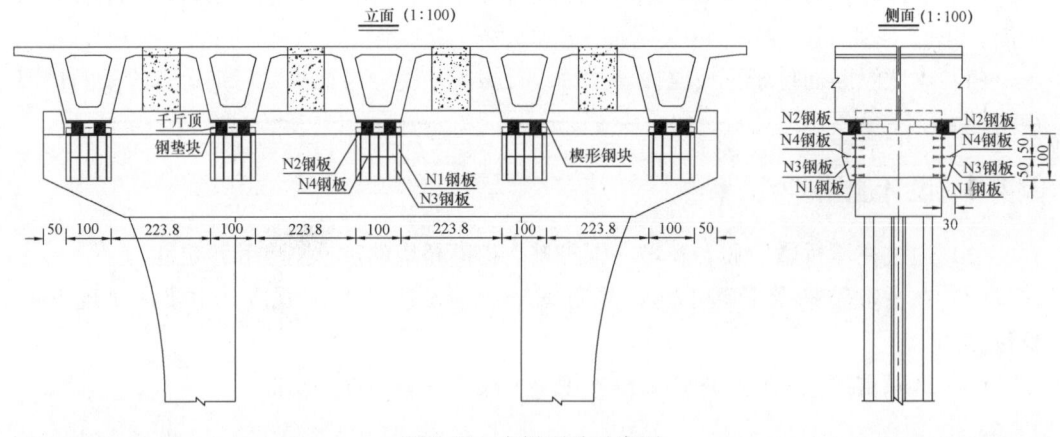

图 7-81 主梁顶升示意图

（3）本桥左幅 3 号墩顶伸缩缝型钢间距仅 7mm，对其进行拆除重建，恢复桥梁的伸缩功能。

7.5　本章小结

本案例桥墩倾斜是由于该桥桥下基坑开挖、压入桩基、施工车辆通行及深厚软基等多种因素共同作用所导致，在病害的各个因素中采用了历史调查和现状对比的方法，为此类病害的原因分析提供了参考。

8 斜桥爬移、堆土、地震等综合因素导致的桥墩倾斜案例

8.1 工程概况

A 大桥是 G6 京藏高速上一座大桥（图 8-1）。桥梁分左、右两幅，斜交角 50°。桥梁全长 181m，全宽 24.5m，单幅桥面横向布置为 0.50m（防撞护栏）+11m（行车道）+0.50m（防撞护栏），于 2002 年建成通车。

图 8-1　A 大桥现状

上部结构采用装配式预应力混凝土连续 T 梁。全桥共 2 联，跨径组合为 3×25m+4×25m（图 8-2～图 8-3），单幅横向布置 6 片梁；下部结构采用柱式墩（柱径 1.2m，柱高 16～17m），肋板式桥台，钻孔灌注桩基础（桩径 1.5m，桩长 15～22m）。

桥梁位于缓和曲线和直线上，桥面设计纵坡为−1.65%，采用沥青混凝土铺装；桥台和过渡墩处伸缩缝型号为 FD-80 型。全桥采用 250mm×350mm×57mm 矩形板式橡胶支座，桥台处为单排支座，桥墩处为双排支座。

根据管养单位桥梁养护人员反映，2013 年前后，本桥上部结构在伸缩缝位置与桥台出现相对错位，错位值呈逐年增大趋势，单联桥面有逆时针旋转的迹象；2017 年桥梁定期检查报告中对病害的描述为"梁板位移最大达 12cm，伸缩缝偏位异常，最大间距 10cm，技术状况评定等级为 3 类，且上部承重构件为 4 类"。

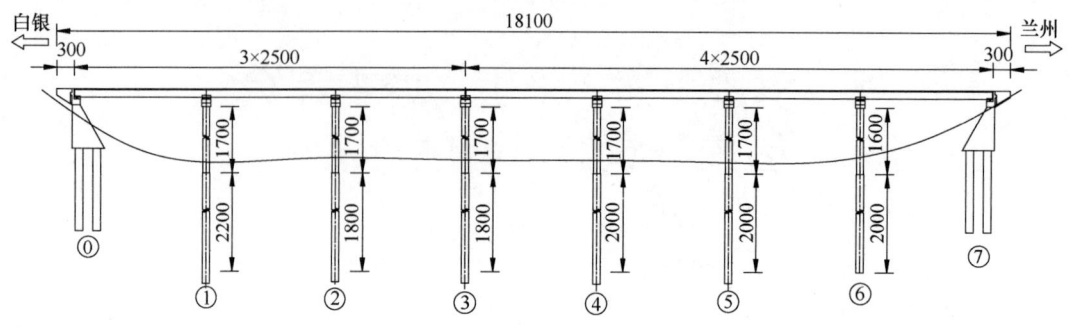

图 8-2　A 大桥立面示意图

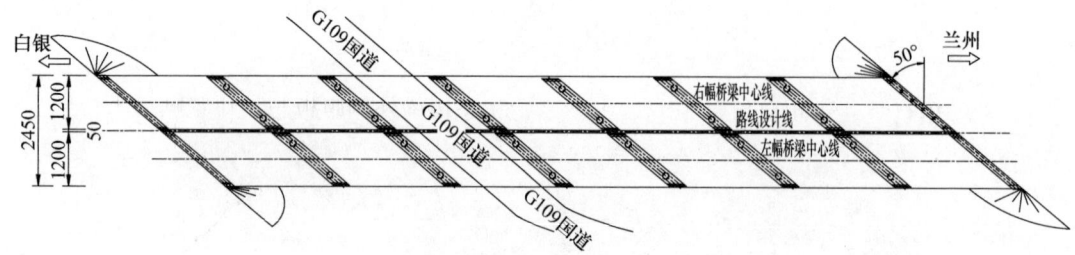

图 8-3　A 大桥平面示意图

梁体错位是桥梁运营的安全隐患，为了分析病害成因及病害对结构安全的影响程度，某公路管理局委托专业单位对该桥的上下部结构、支座、桥面系进行了针对性的专项检查，也对桥梁周边环境进行了调查分析，并委托专业加固设计单位进行加固设计。

8.2　检测要点

8.2.1　检测目的

由于 A 大桥上部结构梁体出现较大的相对偏位，为了全面了解桥梁病害现状及病害产生的原因，本次专项检查对 A 大桥全桥进行上下部结构的外观检测、支座检测、墩柱倾斜度测量、桥梁周边环境调查以及后期的建模计算分析，以便了解桥梁当前真实的受力状态和梁体错位对桥梁造成的不利影响，从而为桥梁下一步的病害处置工作提供依据。

8.2.2　检测工作内容

8.2.2.1　检测内容

本次对 A 大桥全桥进行上下部结构的外观检查、支座检测、墩柱倾斜度测量、桥梁周边环境调查等（图 8-4）。

8 斜桥爬移、堆土、地震等综合因素导致的桥墩倾斜案例

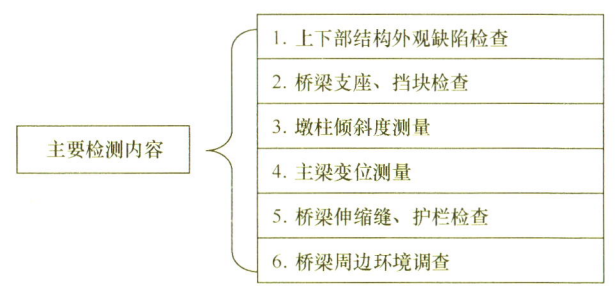

图 8-4　主要检测内容示意图

8.2.2.2　检查方法

(1) 主梁偏位检查

因桥梁建成时缺少主梁安装位置及伸缩缝缝宽记录，本次主梁偏位检查主要参照与主梁相关的构件，如护栏、支座及支座垫石、挡块等，假定桥上护栏相对主梁位置不变、支座垫石与盖梁相对位置不变、主梁原始状态边梁外侧腹板与挡块紧贴（本桥挡块为后浇筑），对主梁偏位进行测量，测量结果仅供定性参考，不作定量判断依据。

① 总体偏位测量

采用钢尺量测各伸缩缝位置主梁护栏与桥台护栏、两联间主梁护栏相对偏位；采用钢尺量测边梁与挡块间距，判断挡块横向偏位值（图 8-5）。

图 8-5　主梁总体偏位测量

② T 梁偏位测量

本桥 T 梁在支座处马蹄宽 60cm，横桥向与支座垫石同宽，按照常规设计，T 梁边缘应与支座垫石边缘对齐，因此，主梁横桥向偏位以主梁安装时与垫石边缘对齐为基准测量。

主梁相对支座偏位主要通过测量主梁在支座顶的滑移量和支座剪切变形量来实现。主梁架设后，若出现相对支座的滑移偏位，梁底调平钢板上会明显留下支座原来位置的痕迹，因此，通过测量此痕迹的长度，作为主梁滑动偏位的参考性数值（图 8-6）。

(2) 支座检查

除按《公路桥涵养护规范》规定的支座检查项目外，重点对支座剪切变形方向和剪切变形量值、支座与垫石、主梁的相对偏位、同一墩顶支座病害规律等进行检查（图 8-7）。

图 8-6　T 梁偏位量测

图 8-7　支座检查

（3）桥墩倾斜度测量

墩柱倾斜度检测采用免棱镜全站仪形心法检测，同时采用激光垂准仪校核。

① 形心法

在桥位处通过设置基准点，建立局部坐标系统；利用免棱镜全站仪对墩柱外表面进行角度测量，通过墩柱外表面切线点及夹角，测量墩柱上下部位的中心点坐标及高程（图 8-8、图 8-9）；假设墩柱直径按设计不变，推算墩柱上下测量位置的圆心，并投影于同一水平面，计算墩柱的水平偏位值；再根据上下部位中心点的高差，推算墩柱倾斜度。

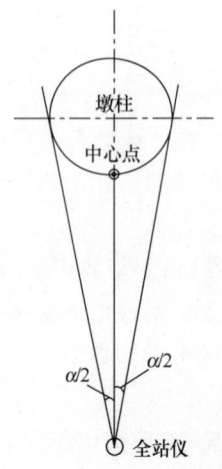 

图 8-8　墩柱上下部位中心点确定示意图　　　　图 8-9　全站仪测量墩柱倾斜度

② 激光垂线法

分别在横桥向和顺桥向桥墩底部架设激光垂准仪，量测上下部激光点距离墩柱表面的距离；并用激光测距仪测量上下激光点间距离，推算墩柱偏位值、偏位方向及墩柱倾斜度（图8-10）。

图 8-10　激光垂准仪测量墩柱倾斜度

（4）伸缩缝测量

钢尺量测伸缩缝间距（图8-11）、伸缩缝两侧高差（图8-12），每条伸缩缝至少测量桥面内外侧两个点，记录数值，并记录实时温度；检查伸缩缝表观病害。

图 8-11　伸缩缝间距测量　　　　　　图 8-12　伸缩缝高差测量

（5）上下部外观缺陷检查

借助桥梁检测车，对上下部结构表观病害（裂缝、缺陷等）进行检查，并详细记录（图8-13～图8-14）。

（6）周边环境调查

通过调查走访、实地量测、地形地貌对比等手段了解桥址周边环境变化情况（图8-15～图8-16）。

图 8-13 盖梁裂缝检查

图 8-14 横隔板裂缝检查

图 8-15 桥址周边环境调查

图 8-16 桥址周边环境调查

8.2.3 检测结果

8.2.3.1 表观缺陷检查结果

（1）横隔板裂缝

本桥仅设置有端横隔板，与T梁一起预制。上部结构拼装时，将相邻两片T梁横隔板采用焊接钢板连接，无墩顶现浇段。现场检查时发现，部分端横隔板存在竖（斜）向裂缝，裂缝最大长度1.2m，裂缝宽度最大值为0.2mm。裂缝主要出现在与T梁轴线成钝角的面上。横隔板病害详见表8-1，图8-17～图8-20。

表 8-1 T梁横隔板病害调查表

序号	跨号-墩号-T梁号	横隔板位置	病害描述	照片
1	左幅 7-6-2	右侧横隔板	1条斜向裂缝，裂缝长0.4m，最宽0.5mm	—
2	左幅 7-6-1	右侧横隔板	1条斜向裂缝，裂缝长1.1m，最宽0.2mm	图8-17
3	左幅 6-6-3～左幅 6-6-6	左侧横隔板	各存在1条斜向裂缝，裂缝最长1m，最宽0.2mm	图8-18
4	左幅 4-3-1～左幅 4-3-5	右侧横隔板	各存在1条斜向裂缝，裂缝长0.7～1m，宽度0.1～0.2mm	—

续表

序号	跨号-墩号-T梁号	横隔板位置	病害描述	照片
5	左幅 3-3-2～左幅 3-3-5	左侧横隔板	各存在 1 条斜向裂缝，裂缝长 0.5～1m，最宽 0.1mm	—
6	左幅 2-2-3	右侧横隔板	1 条斜向裂缝，裂缝长 0.5m，最宽 0.3mm	—
7	左幅 1-0-2、左幅 1-0-3	横隔板连接部位	两侧横隔板错位，连接钢板断裂	图 8-19
8	右幅 1-0-4、右幅 1-0-5	右侧横隔板	各存在 1 条斜向裂缝，裂缝最长 0.5～1m，最宽 0.1mm	图 8-20
9	右幅 7-7-2	左侧横隔板	1 条斜向裂缝，裂缝长 1.2m，最宽 0.2mm	—
10	右幅 7-7-3	左侧横隔板	1 条斜向裂缝，裂缝长 0.7m，最宽 0.15mm	—
11	右幅 7-7-4	左侧横隔板	1 条斜向裂缝，裂缝长 0.4m，最宽 0.15mm	—

图 8-17　左幅 7-6-1 右侧横隔板裂缝

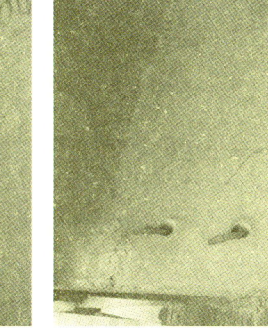

图 8-18　左幅 6-6-3～左幅 6-6-6 侧横隔板裂缝

图 8-19　左幅 1-0-2 横隔板连接钢板部位断裂

图 8-20　右幅 1-0-4 右侧横隔板裂缝

（2）盖梁裂缝

本次检查发现，部分盖梁正弯矩区底部存在横向裂缝，间距 20～50cm，部分裂缝延伸至盖梁侧面，呈"L"形，裂缝宽度均小于 0.15mm（图 8-21～图 8-29）。

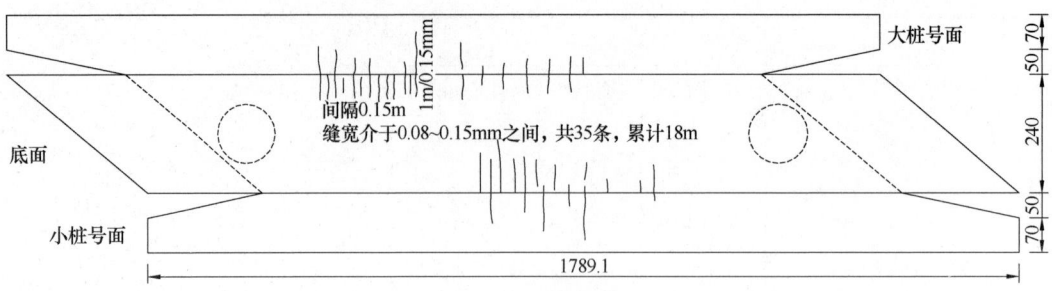

图 8-21 左幅 1 号盖梁裂缝分布图

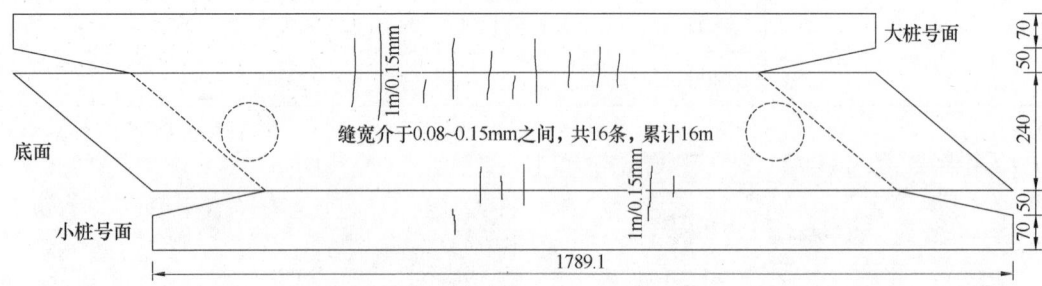

图 8-22 左幅 5 号盖梁裂缝分布图

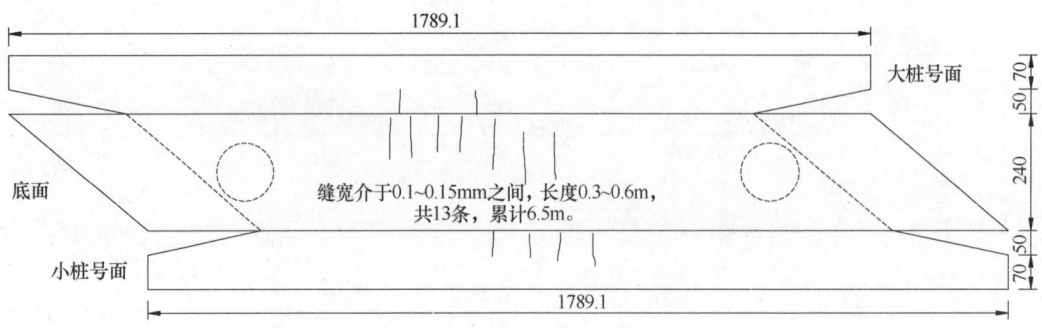

图 8-23 左幅 6 号盖梁裂缝分布图

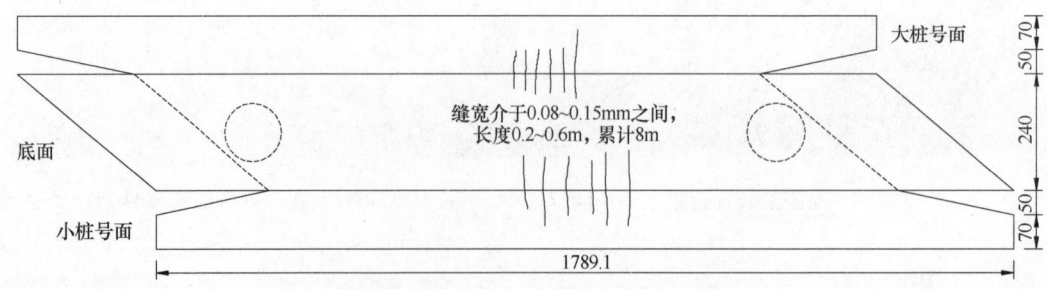

图 8-24 右幅 1 号盖梁裂缝分布图

8 斜桥爬移、堆土、地震等综合因素导致的桥墩倾斜案例

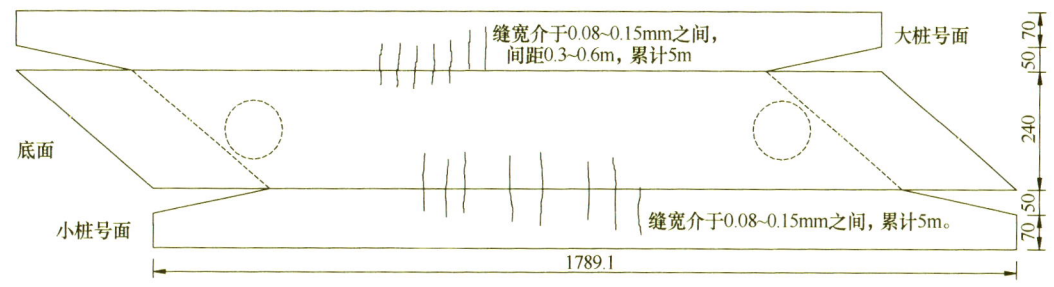

图 8-25　右幅 2 号盖梁裂缝分布图

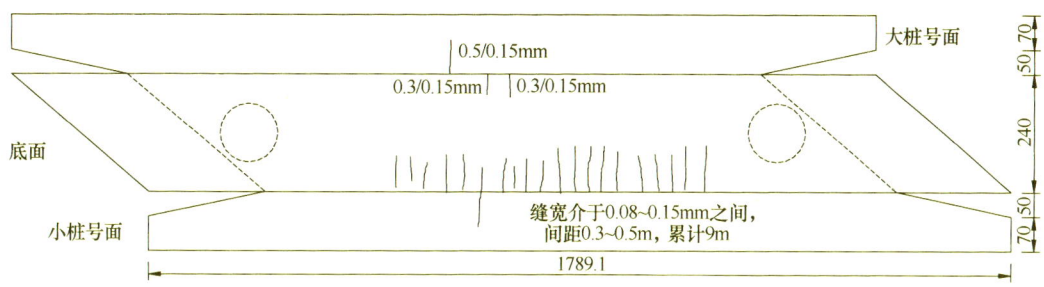

图 8-26　右幅 3 号盖梁裂缝分布图

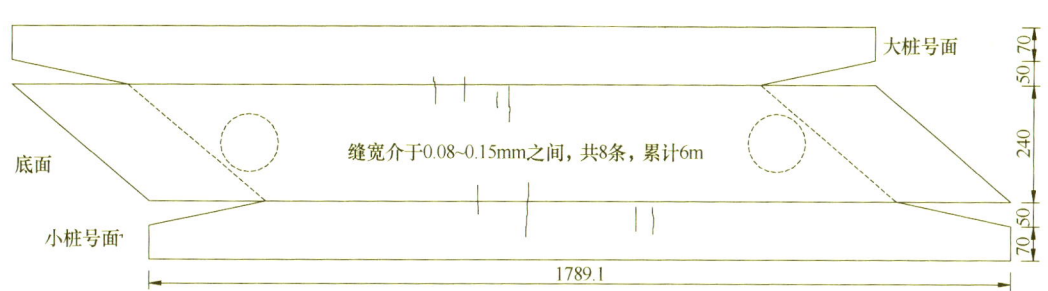

图 8-27　右幅 4 号盖梁裂缝分布图

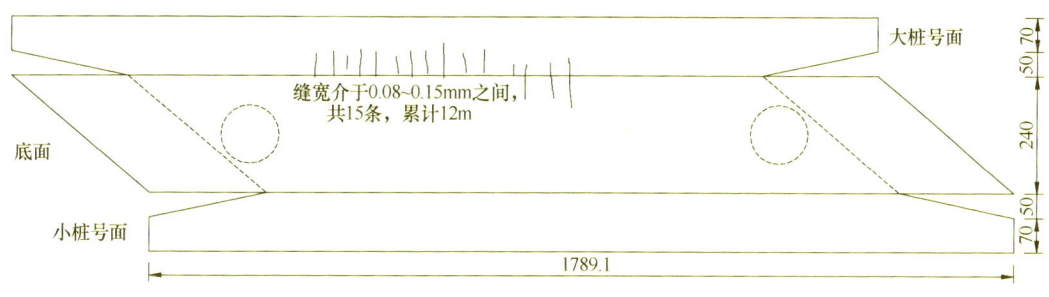

图 8-28　右幅 5 号盖梁裂缝分布图

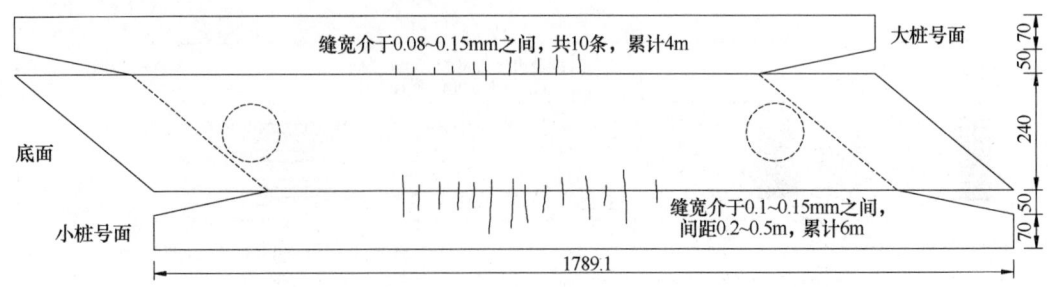

图 8-29　右幅 6 号盖梁裂缝分布图

（3）T 梁病害检查

本次检查发现，因主梁偏位导致部分钝角处主梁与背墙抵死，个别主梁破损（图 8-30～图 8-32）。T 梁病害调查见表 8-2。

表 8-2　T 梁病害调查表

序号	T 梁号	位置	病害描述	照片
1	右幅 1-1 号 T 梁	0 号台位置	T 梁与背墙抵死，T 梁破损，面积 $S=0.5m \times 0.8m$	图 8-30～图 8-31
2	右幅 7-6 号 T 梁	7 号台位置	T 梁翼缘板与背墙抵死，背墙边缘开裂	图 8-32

图 8-30　右幅 1-1 号 T 梁梁端破损

图 8-31　右幅 1-1 号 T 梁梁端破损细部

图 8-32　右幅 7-6 号 T 梁翼缘板与背墙抵死

另外，对相邻两联T梁联端位置进行了检查，两联间T梁（边梁）存在明显的错位（图8-33～图8-36）。

图8-33　右幅3号墩联端左侧　　　　　图8-34　左幅3号墩联端左侧

图8-35　右幅3号墩联端右侧　　　　　图8-36　左幅3号墩联端右侧

桥台处、过渡墩处盖梁顶部堆积大量建筑垃圾，桥台处多数T梁顶部虽未抵死，但底部已基本抵死，影响T梁纵向伸缩（图8-37～图8-38）。

图8-37　右幅0号台盖梁顶垃圾　　　　图8-38　左幅0号台盖梁顶垃圾

（4）墩柱检查

经现场检查，墩柱表观状况较好，墩身混凝土未见开裂、大面积破损等病害；墩柱与盖梁交界处混凝土未见开裂。通过测量现场墩柱高度并查阅原设计图纸，墩柱埋深普遍在 2~3m，桩顶系梁未能检查。

8.2.3.2 梁体错位测量

本次主梁偏位检查主要参照与主梁相关的构件，如护栏、支座及支座垫石、挡块等，假定护栏相对主梁位置不变、支座垫石不随主梁偏位、主梁原始状态边梁外侧腹板与挡块紧贴（本桥挡块为后浇筑），对主梁偏位进行量测，量测结果仅供定性参考，不作定量判断依据。

（1）总体偏位量测

采用钢尺量测各伸缩缝位置主梁护栏与桥台护栏（假定桥台护栏无偏位）、两联间主梁护栏相对偏位（图 8-39）；检测结果如图 8-40 所示。

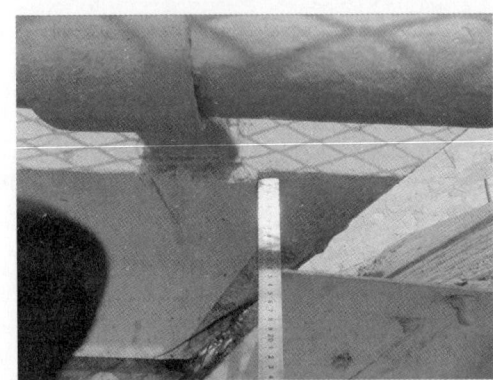

图 8-39 T 梁总体偏位量测

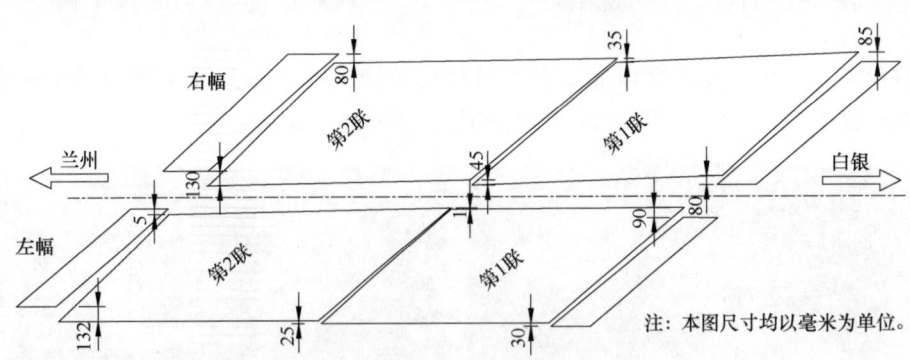

图 8-40 上部结构总体偏位示意图

从图 8-39、图 8-40 可以看出，本桥上部结构总体偏位存在如下特点：

① 左、右幅 4 联上部结构偏位规律基本一致，即单联梁体锐角处向桥面外移动，梁体钝角处向桥面内移动；单联桥梁总体呈逆时针转动偏位趋势；

② 左、右幅第 2 联桥台处上部结构横桥向相对偏位值较大，为 132mm；

③ 因伸缩缝安装缝宽未知,无法得到梁体纵向移动距离,但总体看,桥台伸缩缝存在梁体锐角处被拉开、钝角处相互靠近的趋势。

(2) T梁偏位量测

① T梁与支座垫石、挡块间相对偏位

本桥T梁在支座处马蹄宽60cm,横桥向与支座垫石同宽,按照常规设计,T梁边缘应与支座垫石边缘对齐,因此,横桥向主梁偏位以主梁安装时与垫石边缘对齐为基准量测(图8-41);本桥挡块为后浇筑,初始状态下,挡块与T梁紧贴,并垫有油毛毡,通过量测边T梁与挡块相对位置变化量,推测T梁整体横向移动距离(图8-42)。

图8-41 T梁与支座垫石相对位置量测　　图8-42 边T梁与挡块相对位置量测

从图8-43及图8-44可以看出:

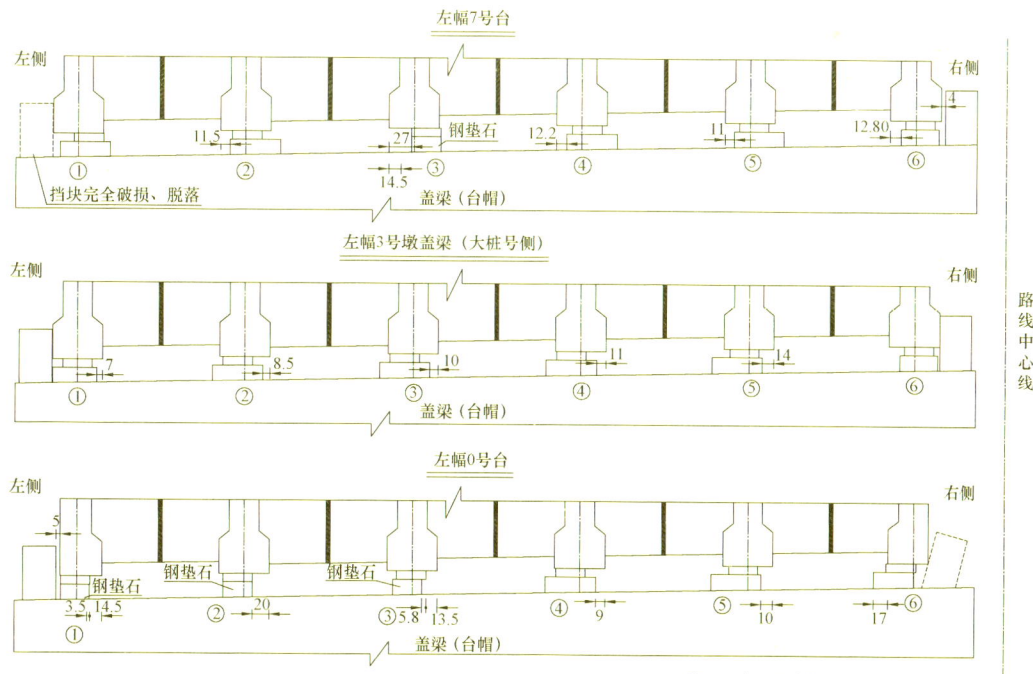

图8-43 左幅T梁墩台处横向偏位示意图

a. T梁与支座垫石出现的明显相对偏位均发生在联端，中间墩未出现明显的相对偏位迹象；

b. 两联桥梁联端T梁相对支座垫石偏位方向均为向锐角方向，最大相对偏位值为15cm（假定桥梁建成时T梁与垫石对齐），出现在左幅第1孔6号梁桥台处；

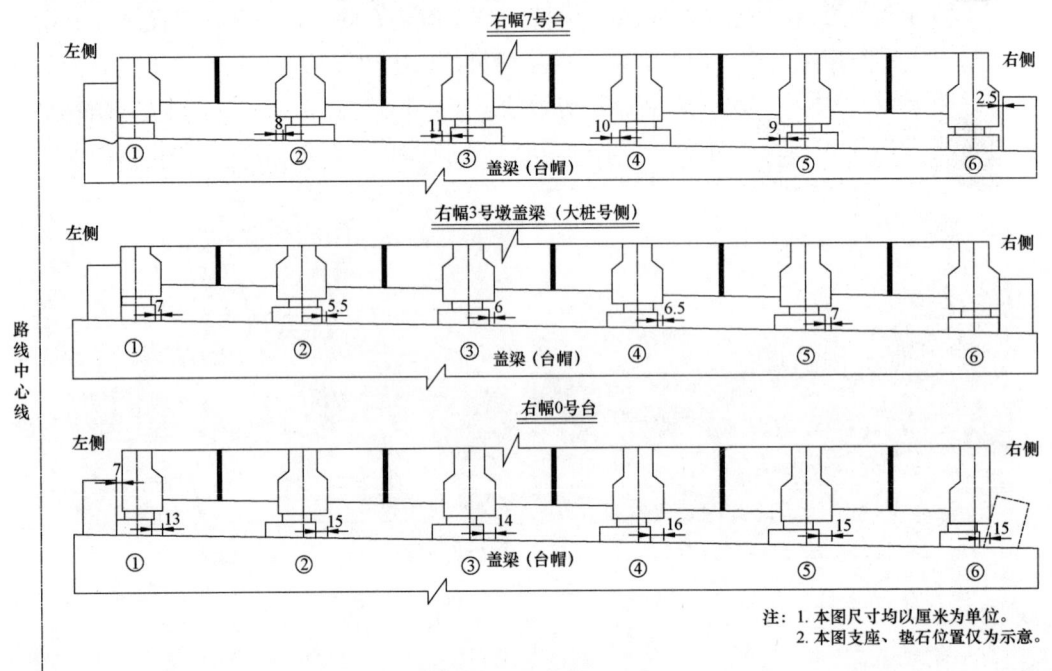

图 8-44　右幅T梁墩台处横向偏位示意图

c. 从T梁与挡块相对位置变化可以看出，左、右幅桥梁两联间过渡墩处挡块均无明显病害、偏位等，即T梁在过渡墩处横向偏位值较小；在两侧桥台梁体锐角处，挡块存在完全破损、开裂倾斜、开裂等病害；在两侧桥台钝角处，T梁相对挡块均向内位移，最大距离为7cm。

② T梁与支座间相对偏位量测

主梁架设后，若出现与支座的相对偏位，梁底调平钢板上明显会留下支座原来位置的痕迹，因此，通过量测此痕迹的长度、方向，结合支座剪切变形的量值和方向，可作为主梁偏位的参考性数值（图 8-45）。

从图 8-46～图 8-47 可以看出：

a. 左幅桥T梁相对支座偏位主要出现在联端，即过渡墩和桥台处，中间墩无明显相对偏位；

b. 同一跨、同一墩（台）上T梁相对支座偏位规律基本相同，与桥面总体偏位方向基本一致，即向锐角方向转动；

c. T梁相对支座顺桥向偏位在钝角处较大，相对支座横桥向偏位在锐角处较大。

8 斜桥爬移、堆土、地震等综合因素导致的桥墩倾斜案例

图 8-45 T 梁与支座相对偏位量测

图 8-46 右幅 T 梁与支座相对偏位示意图

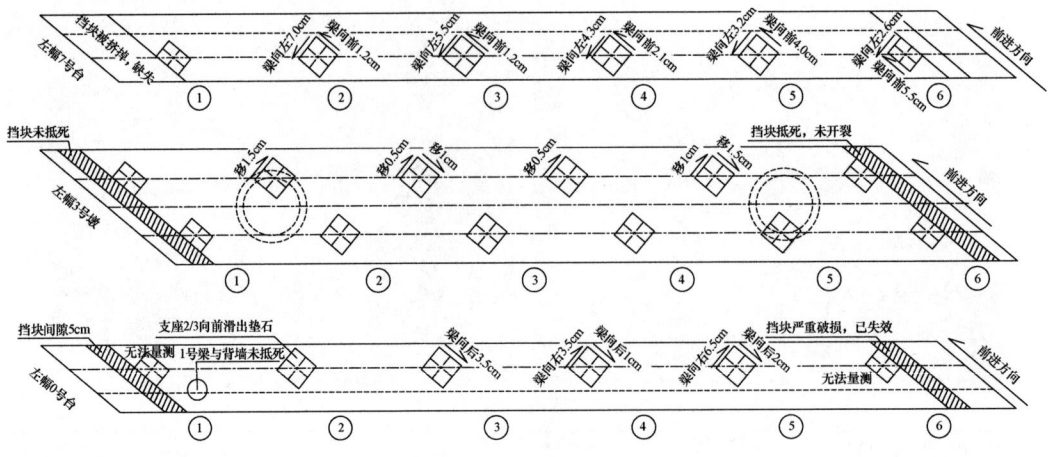

图 8-47 左幅 T 梁与支座相对偏位示意图

8.2.3.3 桥墩墩柱倾斜度

本次检测分别测量左、右幅全部桥墩墩柱倾斜度,采用免棱镜全站仪进行测量,并用激光垂准仪校核,测量结果见表 8-3、表 8-4(假定桥梁竣工时墩柱无偏位)。

表 8-3 墩柱偏位测量表(免棱镜全站仪)

墩柱编号	柱顶倾斜值(m)	高差(m)	倾斜度(‰)	是否满足要求
左 6-1	0.0475	11.914	0.40	不满足
左 6-2	0.0439	13.102	0.34	不满足
右 6-1	0.0576	12.269	0.47	不满足
右 6-2	0.0452	12.266	0.37	不满足
左 5-1	0.0901	12.913	0.70	不满足
左 5-2	0.1058	11.886	0.89	不满足
右 5-1	0.1293	11.785	1.10	不满足
右 5-2	0.0931	12.378	0.75	不满足
左 4-1	0.0565	11.857	0.48	不满足
左 4-2	0.0563	13.23	0.43	不满足
右 4-1	0.0950	8.849	1.07	不满足
右 4-2	0.0546	12.069	0.45	不满足
左 3-1	0.0516	13.725	0.38	不满足
左 3-2	0.0478	13.835	0.35	不满足
右 3-1	0.0615	12.969	0.47	不满足
右 3-2	0.0030	13.615	0.02	满足
左 2-1	0.0408	13.985	0.29	满足
左 2-2	0.0875	13.222	0.66	不满足
右 2-1	0.0804	13.901	0.58	不满足
右 2-2	0.0478	12.898	0.37	不满足
左 1-1	0.0470	12.332	0.38	不满足
左 1-2	0.0407	11.839	0.34	不满足
右 1-1	0.0541	11.714	0.46	不满足
右 1-2	0.0291	10.748	0.27	满足

注:"满足"表示墩柱倾斜度符合规范 $0.3\%H$ 且不大于 20mm 的要求。

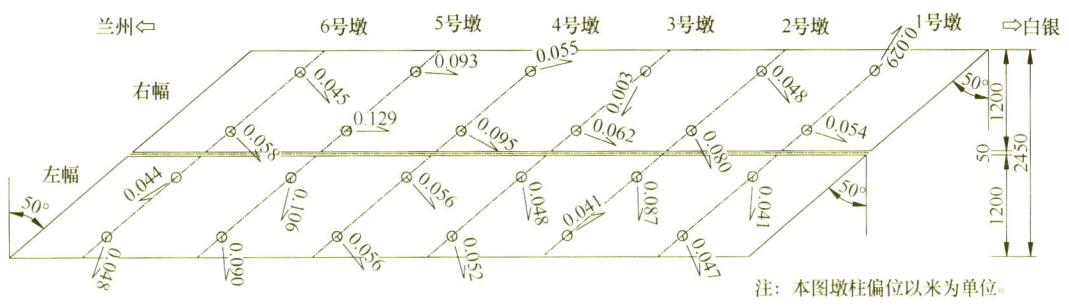

图 8-48 桥墩倾斜度测量结果示意图（全站仪）

表 8-4 墩柱偏位测量表（垂准仪）

墩柱编号	柱顶倾斜值（m）	高差（m）	倾斜度/（%）	是否满足要求
左 6-1	0.046	12.746	0.36%	不满足
左 6-2	0.035	12.772	0.27%	不满足
右 6-1	0.051	12.904	0.40%	不满足
右 6-2	0.036	12.359	0.29%	不满足
左 5-1	0.078	12.666	0.62%	不满足
左 5-2	0.06	13.255	0.45%	不满足
右 5-1	0.118	13.090	0.90%	不满足
右 5-2	0.082	12.535	0.65%	不满足
左 4-1	0.066	13.479	0.49%	不满足
左 4-2	0.06	13.497	0.44%	不满足
右 4-1	0.085	13.375	0.64%	不满足
右 4-2	0.064	12.032	0.53%	不满足
左 3-1	0.054	14.917	0.36%	不满足
左 3-2	0.037	14.633	0.25%	不满足
右 3-1	0.054	13.779	0.39%	不满足
右 3-2	0.037	13.628	0.27%	不满足
左 2-1	0.022	14.067	0.16%	不满足
左 2-2	0.025	13.857	0.18%	不满足
右 2-1	0.068	13.724	0.50%	不满足
右 2-2	0.035	13.260	0.26%	不满足
左 1-1	0.028	14.917	0.19%	不满足
左 1-2	0.015	14.633	0.10%	满足
右 1-1	0.039	13.145	0.30%	不满足
右 1-2	0.011	12.985	0.08%	满足

注："满足"表示墩柱倾斜度符合规范 $0.3\%H$ 且不大于 20mm 的要求。

从以上墩柱倾斜度测量结果（图 8-48～图 8-50）可以看出：

（1）左、右幅墩柱均存在不同程度的倾斜，墩柱倾斜度绝大多数不满足规范要求（$0.3\%H$ 之内，且不大于 2cm），最大倾斜值为 12.9cm，最大倾斜度为 1.1%；

（2）免棱镜全站仪和垂准仪测量墩柱倾斜趋势基本一致，若以路线前进方向为正方向，绝大多数墩柱均有向左偏后方向倾斜的趋势；

（3）左、右幅第 2 联墩柱倾斜度较大，第 1 联倾斜相对较小。

8.2.3.4 支座、防震挡块、伸缩缝检查结果

（1）支座

对左、右幅全桥支座进行了详细检查，存在不同程度的剪切变形、脱空、偏位等病

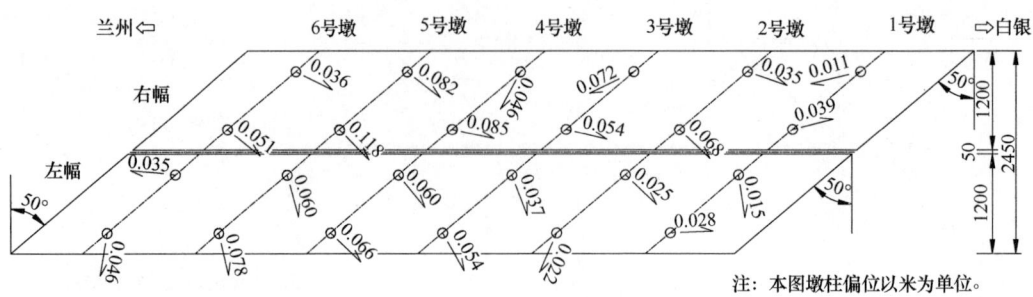

图 8-49 桥墩倾斜度测量结果示意图（垂准仪）

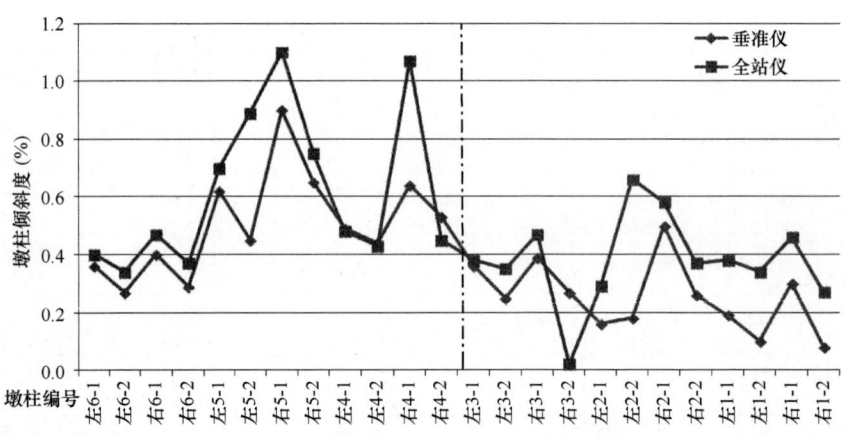

图 8-50 墩柱垂直度测量结果对比图

害，检查结果见表 8-5～表 8-6。

表 8-5 左幅桥梁支座检测结果

桥跨号	墩台号	支座主要病害	典型病害照片
第 1 跨	0 号台	2 号支座向大桩号滑动，2/3 滑出垫石；3 号支座向右滑出垫石 5.8cm；1 号支座向右滑出垫石 3.5cm；1～3 号支座垫石均为钢垫石，锈蚀严重	
	1 号墩	5 号支座存在平面内逆时针剪切（扭转）趋势	
第 2 跨		6 个支座均有向小桩号方向剪切变形趋势，最大 28.6°；3 个支座同时存在横桥向向左的剪切变形，最大 15.3°；4 号支座存在平面内逆时针剪切（扭转）趋势	

续表

桥跨号	墩台号	支座主要病害	典型病害照片
第2跨	2号墩	1个支座向小桩号剪切变形，1个支座横桥向向右剪切变形，最大6°；1个支座局部脱空	
第3跨		4个支座存在向小桩号方向的剪切变形，最大8°	
	3号墩	3号、5号支座存在平面内逆时针剪切（扭转）趋势，最大剪切变形15°，均局部脱空	
第4跨		3个支座局部脱空	
	4号墩	4个支座存在不同程度向小桩号方向、横桥向向左的剪切变形，最大10°	
第5跨	5号墩	3个支座局部脱空	

续表

桥跨号	墩台号	支座主要病害	典型病害照片
第6跨	5号墩	6个支座均有不同程度的向小桩号方向的剪切变形，最大5°；存在不同程度的鼓包；3号、4号支座还存在横桥向向左剪切变形	
	6号墩	6个支座均有不同程度的向大桩号方向的剪切变形，最大20°；右侧3个支座还存在横桥向向右剪切变形；1号、2号支座存在逆时针剪切（扭转）趋势	
		2个支座存在向大桩号方向的剪切变形，最大10°；1个支座局部脱空；1个支座存在平面内逆时针剪切（扭转）趋势	
第7跨	7号台	梁体相对支座偏位较大，支座本身无明显病害；2个支座存在局部脱空，2个支座存在轻微剪切变形	

表8-6 右幅桥梁支座检测结果

桥跨号	墩台号	支座主要病害	典型病害照片
第1跨	0号台	支座无明显病害	—
	1号墩	1号、4号支座存在平面内顺时针剪切（扭转）趋势，最大剪切变形15°；5号、6号支座有向小桩号方向剪切变形	
第2跨		6个支座均存在不同程度的向小桩号剪切变形，最大剪切变形28.6°	

续表

桥跨号	墩台号	支座主要病害	典型病害照片
第2跨	2号墩	支座无明显病害；支座垫石均为中间高、四角低	
第3跨		6个支座均存在不同程度的向小桩号剪切变形，最大剪切变形20°	
	3号墩	2~6号支座均存在横桥向向左剪切变形，最大剪切变形20°；6号支座上部脱空30%（剪切变形导致）	
第4跨		2~4号支座均存在向小桩号方向剪切变形，最大20°；4号支座横桥向向右剪切变形10°	
	4号墩	4号、5号支座均有顺时针旋转活动的趋势，无明显剪切变形	
第5跨		1~5号支座均有向小桩号方向剪切变形，最大25°	

续表

桥跨号	墩台号	支座主要病害	典型病害照片
第5跨	5号墩	2、3号支座不同程度脱空，最大80%；4号支座顺时针向小桩号滑动，1/3滑出垫石，脱空90%	
第6跨		1~5号支座均有向小桩号方向剪切变形趋势，最大28.6°	
	6号墩	2、3、6号支座向大桩号方向剪切变形，最大20°；4号支座横桥向向右剪切10°；2号支座左后下部脱空15%	
第7跨		1~3号支座向大桩号方向剪切变形，最大5°；5号支座向小桩号方向剪切变形5°；1号支座存在平面内逆时针剪切（扭转）趋势	
	7号台	3~6号支座均存在平面内逆时针剪切（扭转）趋势，同时支座左上部脱空，最大55%	

从左、右幅支座检查结果（图8-51~图8-52）可以看出：

① 全桥支座主要病害为支座剪切变形，存在顺桥向、横桥向及整体扭转剪切变形；除右幅7号桥台支座外，剪切变形病害均出现于桥墩支座；

② 同一桥跨、同一墩台上支座剪切变形方向基本一致；

③ 多数支座剪切变形方向与"梁体逆时针旋转"趋势一致；越靠近桥台，支座剪

图 8-51 左幅支座病害示意图

切变形方向越明显朝向 T 梁联端锐角方向；

④ 部分支座存在逆时针"旋转"剪切变形的病害，与 T 梁总体偏位方向一致；

⑤ 全桥支座垫石上表面平整度差异较大，部分呈"中间高、四角低"状，导致部分支座有明显滑动、个别支座有滑出垫石的趋势。

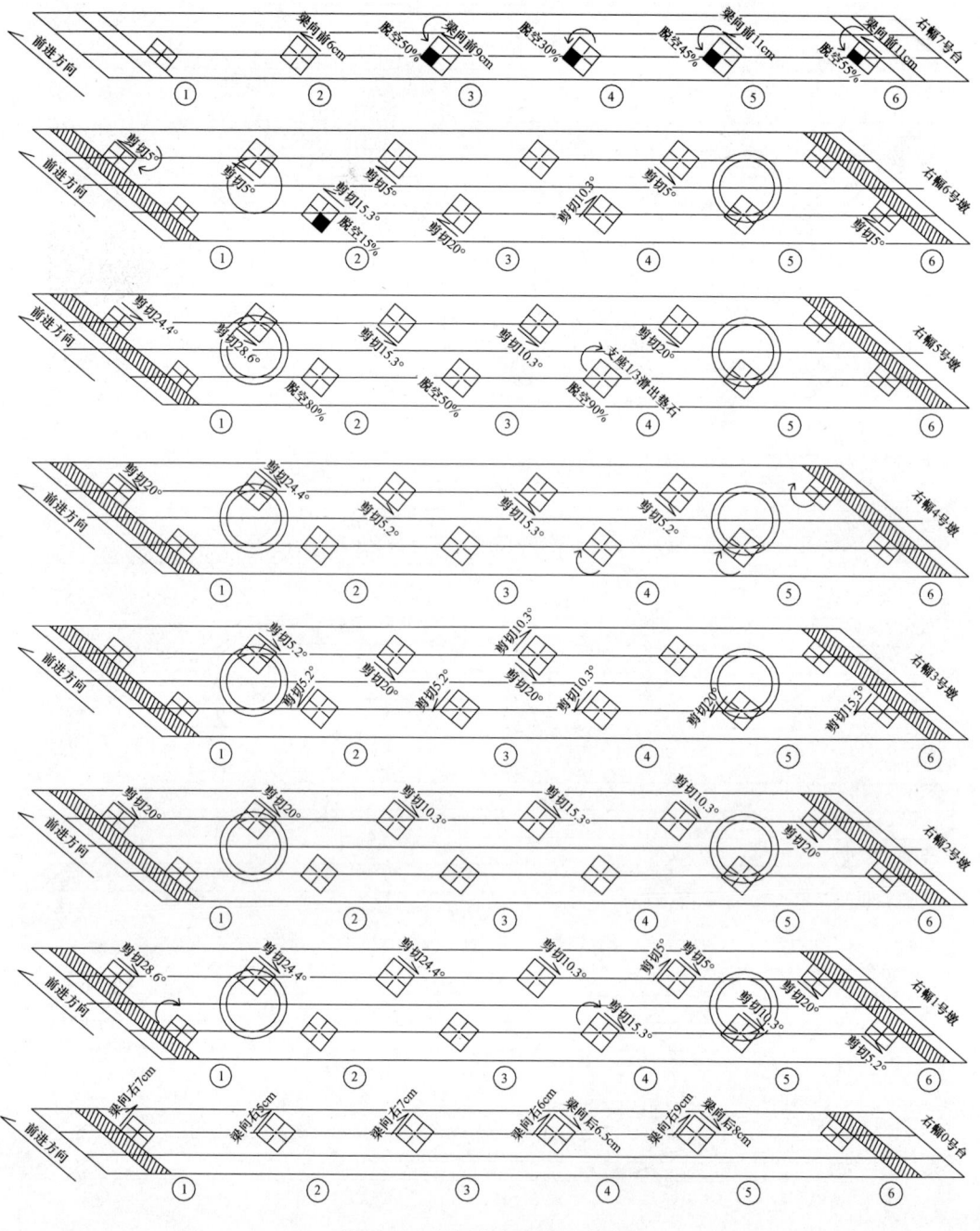

图 8-52 右幅支座病害示意图

(2) 防震挡块

对全桥墩台防震挡块进行了检查。本桥挡块为 T 梁架设后浇筑，从完好的挡块看，挡块与 T 梁间垫有油毛毡。因 T 梁偏位导致挡块破损开裂的有：左幅 7 号台左侧挡块（已完全损坏，图 8-53）、左幅 0 号台右侧挡块（已完全损坏，图 8-54）、右幅 7 号台左侧挡块（根部开裂，图 8-55）、右幅 0 号台右侧挡块（已完全损坏，未见挡块与盖梁钢筋连接，图 8-56）。被损坏的全部为桥台锐角处挡块，桥墩处挡块无明显病害。

图 8-53　左幅 7 号台左侧挡块

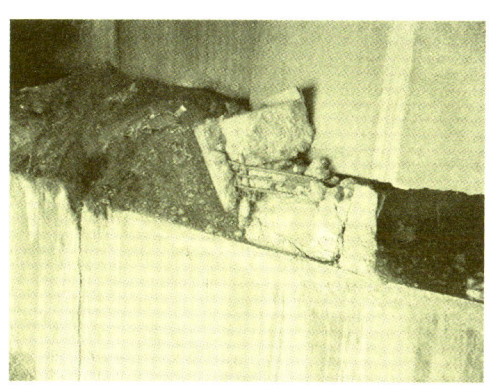

图 8-54　左幅 0 号台右侧挡块

图 8-55　右幅 7 号台左侧挡块

图 8-56　右幅 0 号台右侧挡块

（3）伸缩缝

对全桥伸缩缝进行了检查，桥台处伸缩缝橡胶条均破损、缺失；因主梁偏位，所有伸缩缝在桥梁内外侧缝宽均不同；部分伸缩缝桥台侧和主梁侧存在高差（图 8-57～图 8-65）。

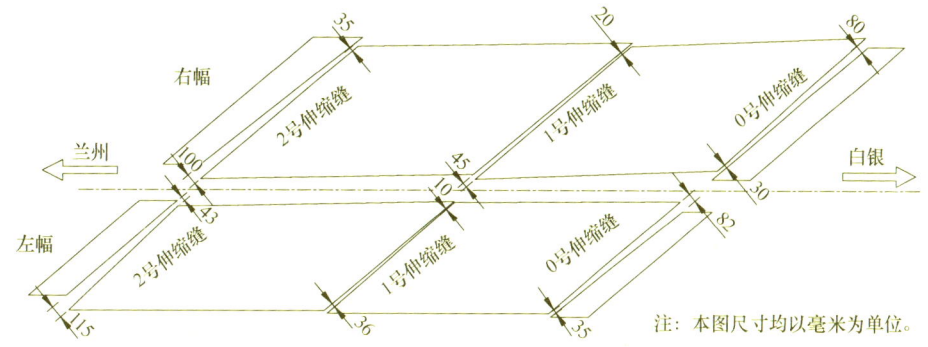

图 8-57　全桥伸缩缝缝宽示意图（测时温度：15℃）

图 8-58　左幅 0 号台伸缩缝

图 8-59　左幅 3 号墩伸缩缝

图 8-60　左幅 7 号台伸缩缝

图 8-61　右幅 0 号台伸缩缝

图 8-62　右幅 3 号墩伸缩缝

图 8-63　右幅 7 号台伸缩缝

图 8-64　左幅 0 号台伸缩缝内侧

图 8-65　右幅 7 号墩伸缩缝外侧

8.2.3.5　桥梁周边环境调查结果

现场调查时发现，本桥右侧存在一处新建工业园区，通过卫星图像查看对比，工业园区于 2012—2014 年建成（图 8-66～图 8-70）。园区建设时，通过挖、填等方式对桥位右侧约 300m×300m 场地整平作为园区建设场地。现有园区地面标高已接近桥面标高，堆土底面坡脚紧靠或包裹右幅第 2 联桥梁墩柱，采用全站仪测量得到，填土高度 10～16m。靠近国道 109 处，采取高挡墙处置，靠近 3 号墩处，挡墙高度 10.2m。另外，通过和养护部门管养人员调查得知，本桥建成时，桥位右侧地面基本和桥下地面平齐。

图 8-66　现状桥位附近地貌

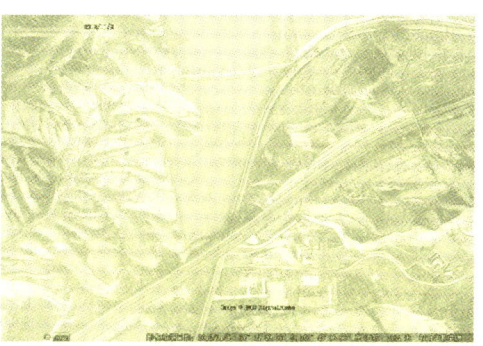

图 8-67　2002 年桥址周围地貌　　　图 8-68　2012 年 11 月桥址周围地貌

图 8-69　2013 年 10 月桥址周围地貌　　　　图 8-70　2014 年 11 月桥址周围地貌

8.2.3.6　检测结果汇总

(1) 左、右幅 4 联上部结构偏位规律基本一致，单联桥梁整体发生逆时针转动偏位（向锐角方向"爬移"）；第 2 联上部结构横桥向相对偏位值最大，为 132mm（桥台处，通过桥面量测）。

(2) 在桥台处，T 梁相对支座垫石有明显滑动；且梁体锐角处挡块存在完全破损、开裂倾斜等病害，总体看，锐角处梁体横向偏位较钝角处大；

(3) 左、右幅墩柱均存在不同程度的倾斜，墩柱倾斜度绝大多数均不满足规范要求，柱顶最大倾斜值为 12.9cm，最大倾斜度为 1.1‰；以路线前进方向为正方向，绝大多数墩柱均有向左偏后方向倾斜的趋势；总体看，第 2 联桥墩倾斜度较第 1 联大；

(4) 全桥支座主要病害为支座剪切变形，存在顺桥向、横桥向及整体扭转剪切变形；除右幅 7 号桥台支座外，剪切变形病害均出现于桥墩支座处；同一桥跨、同一墩台上支座剪切变形方向基本一致；多数支座剪切变形方向与"梁体逆时针旋转"趋势一致；越靠近桥台，支座剪切变形方向越明显地朝向 T 梁联端锐角方向；部分支座存在逆时针"旋转"剪切变形的病害，与 T 梁总体偏位方向一致；部分支座有明显滑动，个别支座有滑出垫石的趋势；

(5) 个别 T 梁与背墙抵死，T 梁端部破损；部分横隔板存在竖向、斜向裂缝。上部结构装配式 T 梁整体性较好，T 梁连接处（翼缘板、横隔板）未见明显开裂、渗水等病害；

(6) 下部结构墩柱可见范围内未见明显开裂等病害；部分盖梁正弯矩区底部存在横向裂缝，间距 20～50cm，部分裂缝延伸至盖梁侧面，呈"L"形，裂缝宽度均小于 0.15mm；

(7) 2012—2014 年，桥梁右侧因工业园区建设，堆积大量填土，高度 10～16m，堆土底面坡脚紧靠或包裹右幅第 2 联桥梁墩柱。

8.3　病害原因分析

8.3.1　斜梁桥受力机理分析

斜梁桥的力学特点与正交桥有很大区别，与弯桥有许多相似之处：

(1) 弯扭耦合。弯扭耦合作用是斜桥最显著的力学特点，它可以使跨中弯矩折减，这使得同等跨度斜桥比正桥纵向弯矩要小，而扭矩比正桥要大。

(2) 支座反力分布不均。当荷载作用在斜梁桥上时，荷载有向两支承边最短距离方向传递的趋势，因而各支反力很不均匀。在钝角处，支反力最大，而在锐角处，支反力最小，且可能出现负反力，发生翘离支承面的现象。于是，当活载驶近支承时，锐角处的梁在底面有翘离和横向位移的情况下被压回支承面，如此反复作用，就可能造成主梁在桥台上的转动滑移。

(3) 平面内位移。和弯桥一样，在外界因素（如温度变化、混凝土收缩、徐变、预加力等）发生变化时，在各支承处将产生偏位，即在支承上产生约束反力（与行车道平面平行），这些力可能会产生一个不平衡的旋转力矩，会产生由钝角向锐角方向的转动或平面内平动，从而引起"爬移"。另一方面，斜桥在外荷载（如制动力、风力、地震力等）作用时，如果这些力的合力不通过转动中心，则这些力即对转动中心产生不平衡的力矩及合力，引起斜桥在其平面内的转动及平移。另外，国内部分学者研究表明，在高度较大的柔性墩斜桥上，荷载偏心（平面形心之外）会引起梁体向锐角方向发生刚体转动，即"爬移"。

图 8-71 所示为斜桥平面旋转机理示意。为便于说明问题，将导致斜桥平面位移和转动的因素等效为梁端伸缩缝处的摩阻力 q（其方向垂直于伸缩缝），AB 和 CD 为梁端伸缩缝，连接梁体与桥台背墙。当温度升高梁体纵向伸长时，伸缩缝摩阻力 q 有阻止梁体伸长的趋势，当伸缩缝被砂石堵塞，活动受限时，q 值则迅速增大。伸缩缝 AB 与 CD 面上的摩阻力 q 在平面上形成逆时针方向的力矩，使梁体向锐角方向旋转，两侧伸缩缝锐角处产生横向位移 ΔL。

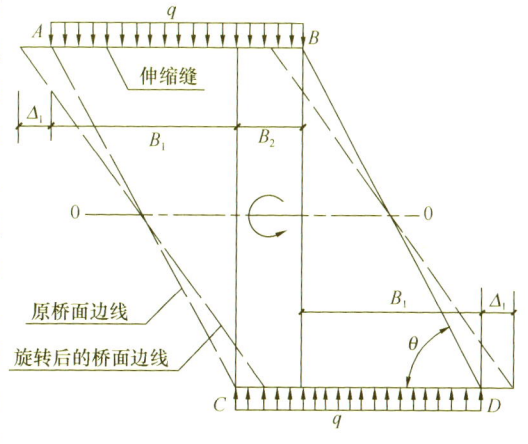

图 8-71 斜桥平面旋转机理示意图

由以上分析可知，斜桥固有的受力特点，决定了在外界因素和外荷载作用下，上部结构可能发生平面位移。且本桥斜度较大，目前出现的上部结构旋转偏位与斜桥固有的受力特点有很大关系。

8.3.2 地震对斜梁桥的影响分析

对于梁式桥而言，在多维地震作用下，地震效应通过基础、墩柱传递给上部结构，上部结构的质量较大，其惯性作用又反馈到墩柱与基础上，在此过程中，主梁相对墩台有纵横向位移及平面转动，主梁与挡块、相邻联主梁间、主梁与桥台间相互撞击，其最终形态表现为主梁偏位、支座滑移、挡块破坏、桥台开裂等。

由于斜交桥的质心和扭转中心不一定重合，导致了在地震中上部结构有旋转的趋势，并以刚体运动为主。这样，地震中斜交桥相对于正桥更易于遭到破坏。汶川地震中"都汶"二级路上桥梁震害统计结果表明，77.8%的斜交桥出现了中等以上的震害，相比之下，直线桥仅有39.5%出现了中等以上的震害。

(1) 地震碰撞力影响

实践证明，在地震力作用下，几何形状较为复杂的斜交桥较直线桥更容易出现震害，主要表现在斜交桥在地震反应的空间耦联性上。即斜交桥在某一方向受到激励，不仅该方向会产生变形和内力，而且其他方向也会产生变形和内力。换句话说，沿单向输入地震动时，将对两个正交的反应量产生影响，则称这一反应量对这种地震输入机制具有空间耦联性。在强烈的地面振动下，斜交桥将会产生一个非常特别的结构响应。如图8-72所示，上部桥面板与桥台发生碰撞，将产生碰撞力矩，因锐角处碰撞力和钝角处碰撞力对上部结构形心的偏心距不同（e_A 和 e_B），导致伸缩缝两端碰撞力产生的力矩不同，且合力不通过形心，导致桥面板绕竖轴旋转，尤其是会出现桥面发生刚体位移的现象。

(2) 支承刚度不同的影响

当下部结构支承刚度不同时，梁体的纵向偏位会在两端伸缩缝处产生不同的位移，因斜度的存在，会导致上部结构梁体发生转动偏位，如图8-73所示。

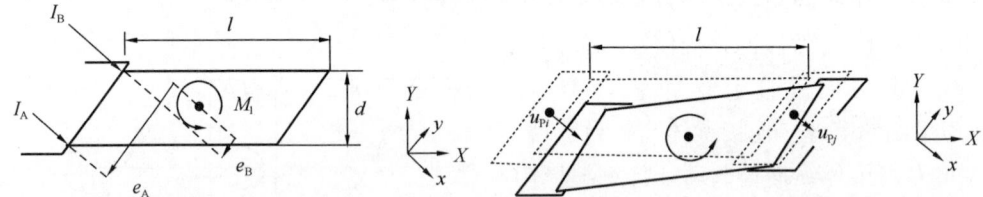

图 8-72　地震冲击力引起的斜桥转动力矩　　图 8-73　支承刚度不同导致上部结构旋转

支承刚度不同主要是因为下部结构墩台的刚度差异，同时也包括支座刚度不同。因此，墩、台高度相差较大时，适应上部结构变形的能力有明显差异，会对上部结构旋转偏位产生较大影响。

(3) 汶川地震后斜交桥震害分析

汶川地震后，四川省交通厅组织全国多家设计单位对重灾区国（省）道主干线公路桥梁进行震害调查和检测，总结出的震害规律中，其中一条为"弯、斜桥破坏比正交直线桥严重"。其中汶川至映秀公路（国道317线与国道213线共用段），54座桥梁均为梁桥，其中正交曲线桥10座、斜交曲线桥10座、正交直线桥12座、斜交直线桥22座。调查发现，震害严重的6座桥梁中，正交曲线桥2座、斜交曲线桥1座、斜交直线桥3座。6座桥梁震害共同特点为主梁严重的纵横向位移及平面转动而使边梁有潜在的落梁危险。另外，本路段有简支体系斜交曲线桥10座、斜交直线桥13座。主要震害表现为斜桥平面转动病害（图8-74）。且只要发生刚体转动位移的斜交桥，其转动方向均为锐角向外，即增大斜交角的趋势。

根据中国地震台近年来历次地震记录，2012年5月至2015年5月，甘肃省有记载

图 8-74 汶川地震部分斜桥平面转动病害

的地震共发生过 75 次。震级最高为 6.6 级。主要发生在定西、陇南、白银、酒泉、武威等地区，根据新闻报道，兰州市区有强烈震感的主要有 2013 年 7 月 22 日发生在定西的 6.6 级地震、2014 年 11 月 15 日发生在白银的 4.7 级地震。

因此，从地震作用下斜桥病害机理及本桥发生偏位与地震发生时间节点的初步分析，地震对本桥初始偏位有明显影响的可能性较大。

8.3.3 制动力对结构偏位的影响分析

为了分析汽车制动力对本桥平面旋转偏位的影响，采用 Midas Civil 有限元软件建立了本桥第 2 联有限元模型，桥墩处支座按支座实际刚度模拟，未模拟伸缩缝。经计算分析，当桥台和过渡墩处支座模拟为四氟滑板支座时，在汽车荷载制动力作用下，上部结构顺桥向位移为 24.5mm（图 8-75，其中中间墩支座剪切变形约 10mm），横桥向位移为 10mm；当桥台和过渡墩处支座为非四氟滑板支座时，顺桥向位移和横桥向位移分别为 18mm、11mm，总体平面位移方向为向钝角方向。

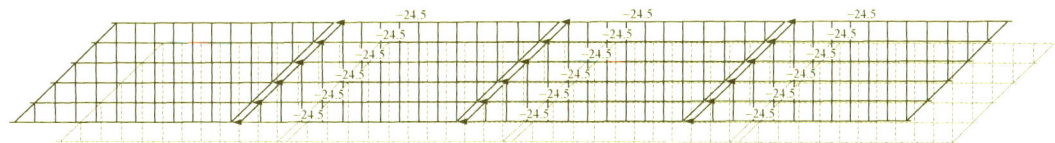

图 8-75 汽车荷载制动力作用下上部结构位移示意图

在汽车荷载制动力作用下，进行上部结构梁体位移量和位移方向分析，在伸缩缝缝宽较小或已堵死的情况下，上部结构梁体和桥台背墙产生碰撞，将会产生碰撞力矩，导致上部结构发生向锐角方向旋转的刚体位移。

8.3.4 桥侧堆土对墩柱偏位影响分析

根据以往处理相关类似病害桥梁经验，桥下或桥侧堆土、取土对桥梁桩基、墩柱以及上部结构均会产生不利影响。

本桥建成运营通车 10 余年后，即 2012—2014 年间，桥侧工业园区开始建设，通过大面积填、挖等方式将场地整平作为园区建设用地。现有桥侧堆土高度 10~16m，造成桩侧不均衡土压力增大，可能造成墩柱偏位。从桥梁墩柱偏位总体情况来看，第 2 联墩柱偏位明显较第 1 联墩柱严重，进一步说明桥侧堆土对墩柱偏位的影响是明显的。

采用 Midas Civil 有限元软件建立全桥模型进行堆土压力模拟，计算情况如下。

(1) 计算参数选取

桥址周围堆土按照堆土高度 15m、坡率 1:1、堆土顶宽 15m、堆土底宽 30m 计算。

堆土对墩柱产生的压力按照《土质学与土力学》(第 3 版，高大钊、袁聚云主编，谢永利主审，人民交通出版社出版) 中 4.5 节竖向分布荷载作用下土中应力计算。

堆土对墩柱影响深度按照地面以下 15m 考虑。堆土压力荷载计算按照图 8-76 示意模拟计算，换算土压力荷载表见表 8-7。

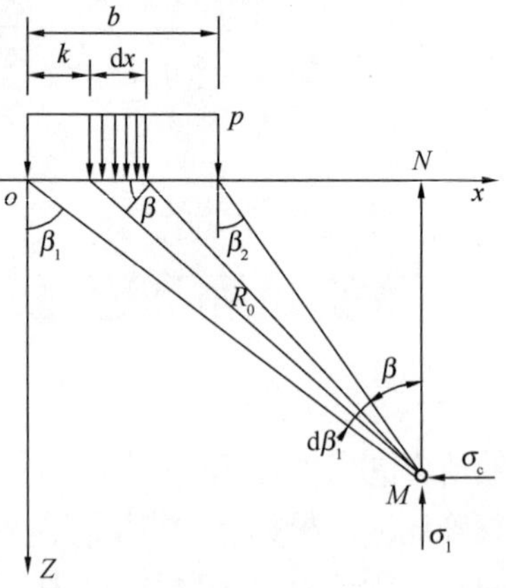

图 8-76　桥址右侧堆土压力模拟计算示意图

在土体表面作用均布条形荷载 p，其分布宽度为 b，如图 8-76 所示，计算土中任一点 M 的竖向应力 δ_z 时，可按照以下公式在荷载分布宽度 b 范围内积分求得。

计算公式如下：

$$\delta_z = \int_{-\frac{b}{2}}^{\frac{b}{2}} \frac{2x^3 p \mathrm{d}\xi}{\pi \left[(x-\xi)^2 + z^2 \right]^2}$$

$$= \frac{p}{\pi} \left[\arctan \frac{1-2n'}{2m} + \arctan \frac{1+2n'}{2m} - \frac{4m(4n'^2 - 4m^2 - 1)}{(4n'^2 + 4m^2 - 1)^2 + 16m^2} \right]$$

$$= \alpha_u p$$

利用极坐标表示的弗拉曼公式，在荷载分布范围内积分，即可求得 M 点的应力表达式：

$$\delta_z = \frac{2p}{\pi R_0} \int_{\beta_2}^{\beta_1} \cos^3 \beta \frac{R}{\cos\beta} \mathrm{d}\beta$$

$$= \frac{2p}{\pi} \int_{\beta_2}^{\beta_1} \cos^2 \beta \mathrm{d}\beta$$

$$= \frac{p}{\pi} \left[\beta_1 + \frac{1}{2}\sin 2\beta_1 - \beta_2 - \frac{1}{2}\sin 2\beta_2 \right]$$

$$\delta_x = \frac{p}{\pi} \left[\beta_1 - \frac{1}{2}\sin 2\beta_1 - \beta_2 + \frac{1}{2}\sin 2\beta_2 \right]$$

$$\tau_{xz} = \frac{p}{2\pi} (\cos 2\beta_2 - \cos 2\beta_1)$$

表 8-7 桥址右侧堆土对外侧墩柱、桩基影响荷载计算表

影响深度 Z 值 (m)	土的重力密度 γ (kN/m³)	地表均布荷载 p (kPa)	a (m)	b (m)	β_1	β_2	水平土压力 δ_x (kPa)	加载荷载 (kN/m)
1	18	202.5	3	30	−1.54	−1.25	−36.2	−61
2	18	202.5	3	30	−1.51	−0.98	−59.9	−102
3	18	202.5	3	30	−1.48	−0.79	−71.2	−121
4	18	202.5	3	30	−1.45	−0.64	−75.2	−128
5	18	202.5	3	30	−1.42	−0.54	−75.6	−129
6	18	202.5	3	30	−1.39	−0.46	−74.6	−126
7	18	202.5	3	30	−1.36	−0.40	−71.9	−122
8	18	202.5	3	30	−1.33	−0.36	−69.2	−118
9	18	202.5	3	30	−1.30	−0.32	−66.3	−113
10	18	202.5	3	30	−1.28	−0.29	−63.3	−108
11	18	202.5	3	30	−1.25	−0.27	−60.4	−103
12	18	202.5	3	30	−1.22	−0.24	−57.4	−98
13	18	202.5	3	30	−1.20	−0.23	−54.6	−93
14	18	202.5	3	30	−1.17	−0.21	−51.8	−88
15	18	202.5	3	30	−1.14	−0.20	−49.1	−84

注：1. Z 值为暂定堆土影响深度；γ 为土的重力密度。

2. a、b、β_1、β_2 如图 8-76 所示。

3. q_k 为地表均布荷载。

4. δ_x 为该点承受的水平土压力。

计算时，将桥址右侧堆土计算荷载分别加至第 2 联 3 号、4 号、5 号、6 号墩内、外侧墩柱及桩基上，根据现场实际地面标高与柱顶标高的相对关系，堆土对桥墩的影响范围按照桩顶以上 3m 考虑，对桩基的影响范围按照桩顶以下 12m 考虑，模型图中路线前进方向为从右至左（图 8-77）。

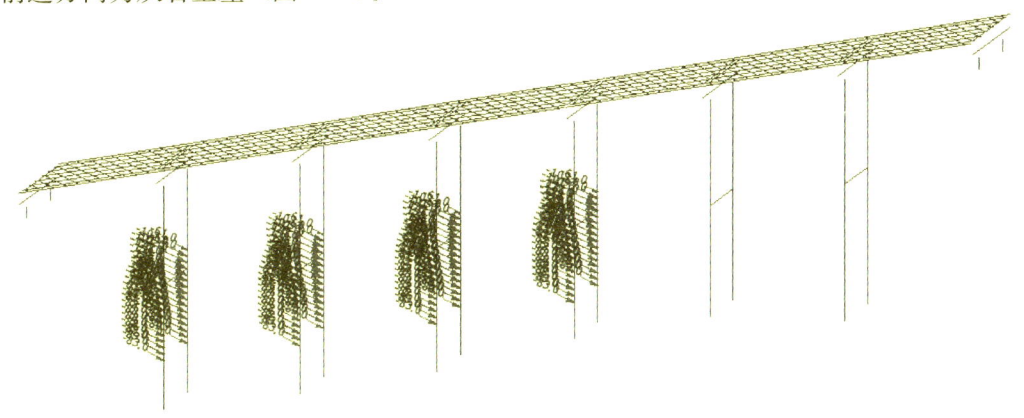

图 8-77 堆土荷载加载模型图

(2) 计算结果

① 下部墩柱位移。堆土荷载作用下桥墩变形如图 8-78 所示。堆土荷载作用下桥墩变形统计见表 8-8、图 8-79。

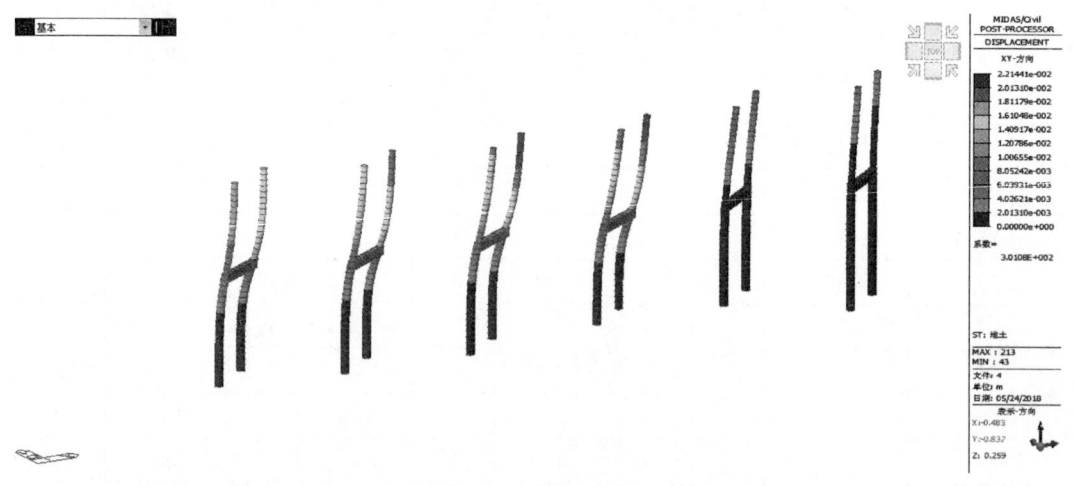

图 8-78　堆土荷载作用下桥墩变形示意图

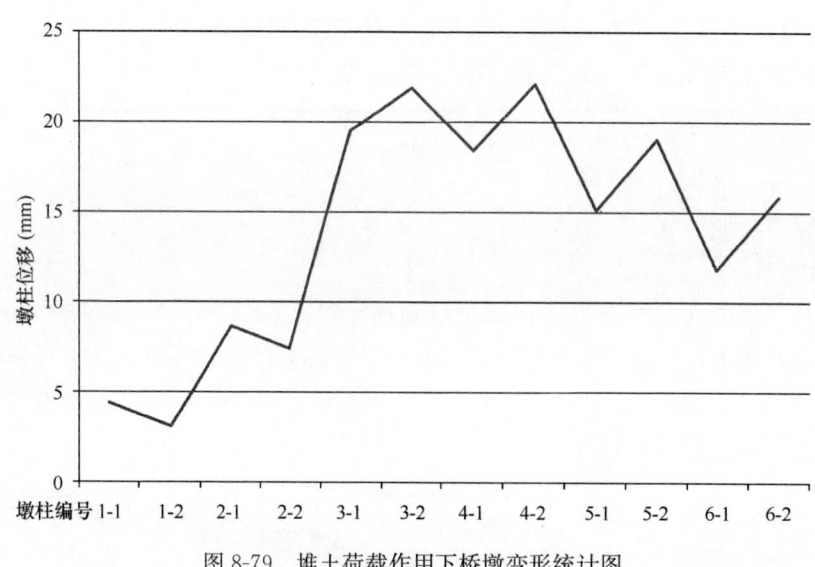

图 8-79　堆土荷载作用下桥墩变形统计图

表 8-8　墩柱位移计算结果表

墩柱编号	堆土荷载作用下位移			备注
	X 方向（mm）	Y 方向（mm）	XY 方向（mm）	
1-1 号墩	2.56	−3.58	4.40	
1-2 号墩	1.70	−2.55	3.07	
2-1 号墩	3.06	−8.11	8.67	
2-2 号墩	2.17	−7.06	7.39	

续表

墩柱编号	堆土荷载作用下位移			备注
	X方向（mm）	Y方向（mm）	XY方向（mm）	
3-1号墩	4.54	−19.10	19.62	过渡墩
3-2号墩	6.13	−21.00	21.88	
4-1号墩	4.51	−17.85	18.42	
4-2号墩	7.12	−20.97	22.14	
5-1号墩	4.15	−14.66	15.23	
5-2号墩	6.80	−17.82	19.07	
6-1号墩	3.70	−11.23	11.82	
6-2号墩	6.44	−14.50	15.87	

注：X方向以兰州至白银方向为正，Y方向以桥梁左侧至右侧方向为正。

②上部结构位移

从以上计算结果可以看出：

a. 在右侧堆土作用下，墩柱在 X 方向（兰州—白银）和 Y 方向（右-左）均有位移，Y 方向位移较大（最大值 21mm）（图 8-78～图 8-79、表 8-8）；若以前进方向为正方向，总体看，墩柱顶部有向左后方偏位的趋势，与现场实测墩柱倾斜度规律一致；

b. 堆土荷载作用于第 2 联右侧，第 2 联 3～6 号墩墩顶位移明显较第 1 联大，与现场实测墩柱倾斜度规律一致；同时也表明，第 1 联墩柱偏位并非因直接受到土压力作用引起，而是由于第 2 联墩柱偏位引起上部结构偏位，同时带动第 1 联墩柱偏位；

c. 因堆土荷载作用下，下部结构发生了偏位，导致上部结构也同步发生了偏位，第 2 联有向路线前进方向左后方位移的趋势，第 1 联靠近堆土处（过渡墩）位移较大（Y 方向 24.8mm），远离堆土处（桥台联端），位移较小（图 8-80）。

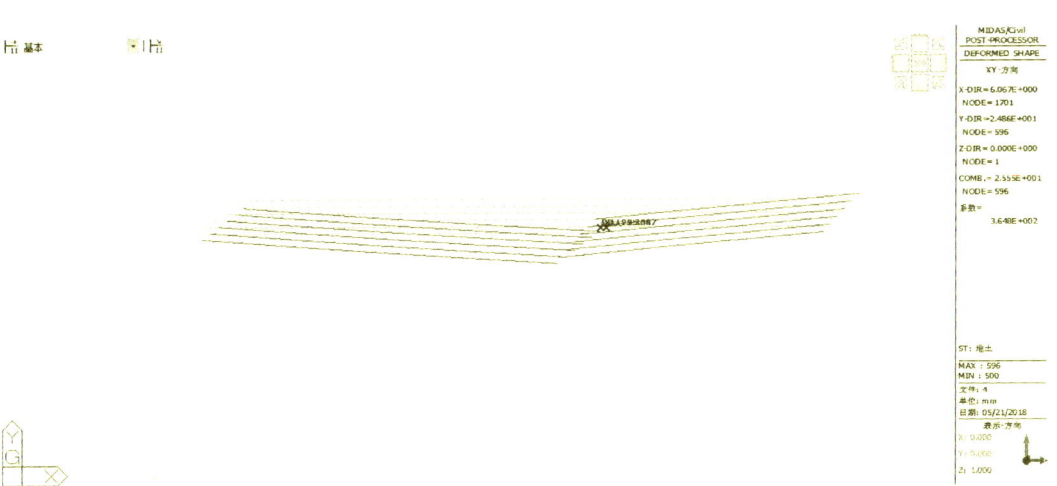

图 8-80　堆土荷载作用下上部变形示意图

8.4 桥梁加固主要内容

为确保桥梁的安全运营和耐久性，确保不会发生落梁或桥墩倒塌事故，结合桥梁现阶段结构偏位、裂缝分布、结构计算和其他病害等基本状况，提出以下加固目标及措施。

8.4.1 加固荷载标准

加固荷载：保持原桥荷载等级。

8.4.2 加固目标

（1）恢复受损桥墩的基桩承载力；
（2）恢复桥墩刚度，保证墩柱稳定性及竖直度；
（3）恢复原桥的平面位置；
（4）处置桥梁构件出现的裂缝；
（5）更换局部构件，恢复使用功能。

8.4.3 加固修复措施

对桥梁上部结构进行纠偏，支座进行更换；对钢筋混凝土桩、柱的开裂影响基桩、墩柱的刚度和强度，墩柱倾斜影响下部结构稳定性和耐久性，需通过增设基桩及承台，形成排架桩保证力向新桩的传递，提高桥墩整体纵向刚度和强度的同时，也有利于提高其横向承载力。

（1）主体结构加固

① 对左、右幅 1~3 号桥墩以及 6 号墩增设桩基加固，桩基直径 1.2m，新、旧桩基采用 承台连接（图 8-81）。

② 由于全桥墩柱刚度偏弱，对左、右幅 1~6 号桥墩增大截面进行加固，对既有桥墩增厚 20cm，外包直径 160cm（外径）、6mm 厚 Q345-D 钢板，钢板内侧设置竖向和环向加劲肋，同时设置 M20 剪力钉，长 10cm，布置间距环向 30cm，竖向 40cm，将原墩柱表面凿毛，按 30cm×40cm 进行植入"L"形钢筋，尽可能与钢套筒加劲钢构件焊接，灌入 C30 自密实微膨胀混凝土。钢套筒要求伸入盖梁承托和新增承台内，管口配以焊接锚固钢筋伸入承台及增厚盖梁内。

③ 上部结构纠偏。对上部结构增强横向联系有利于纠偏顶推受力，先对端横隔板植筋以增大截面连接，厚度 15cm，高度 80cm，底面与原预制横隔板平齐。纠偏前，临时中断交通，另一幅单道双通，切断梁体与墩、台的联系，尤其是现有临时限位装置，清理梁与墩、台间的混凝土垃圾。整体顶升后，将支座顶面均设置为带硅脂的四氟滑板，再落下梁体。待墩柱在有限范围内自然回位稳定后，重新复测各个墩、台位置梁体偏位情况，根据复测结果修正纠偏量。依托盖梁（帽梁）两端的钢制反力架及梁肋顶点

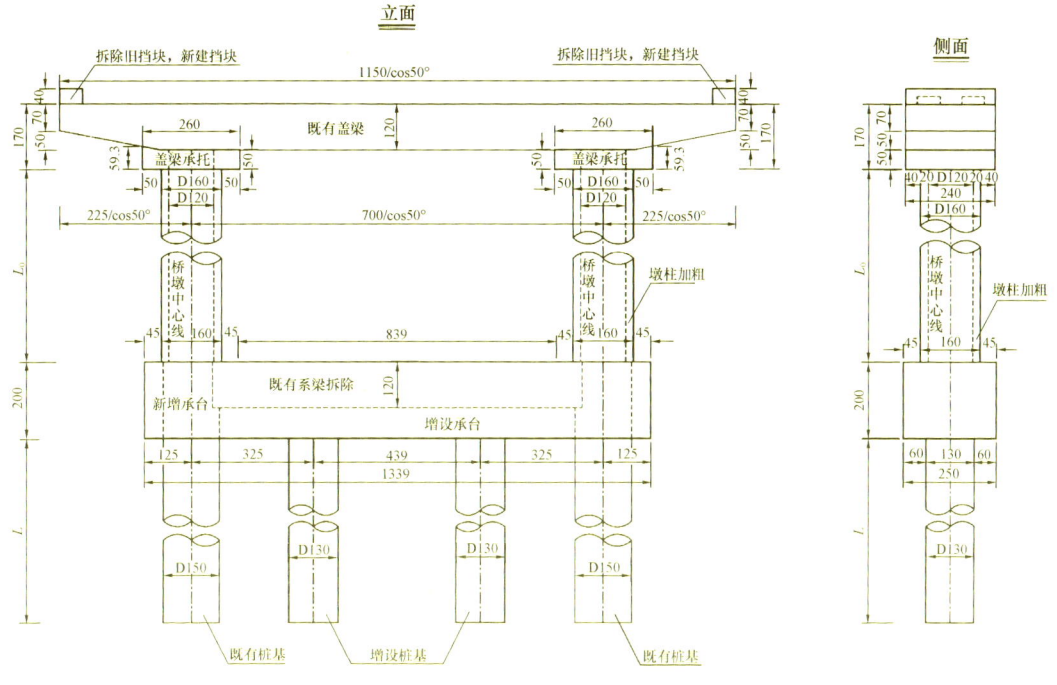

图 8-81 桥墩加固示意图

混凝土楔块，按设计要求分步顶推，推力方向与横隔板一致，横向顶推和纵向顶推交替进行，直至梁体复位达到设计要求，静止一段时间，利于墩、梁恢复平衡状态，待稳定后再进行下一步工作。

（2）裂缝处理

裂缝宽度≥0.15mm 的裂缝采用压浆法进行修补；宽度<0.15mm 的裂缝采用封闭法进行修补。

（3）垫实支座、更换支座

上部结构纠偏到位后，逐联梁体分别进行整体顶升，测量垫石高度，将钢结构支座垫石改造为混凝土垫石，打磨、找平垫石顶面平整度，新采购与支座高度匹配的垫石。更换全桥支座，将现有板式橡胶支座更换为橡胶支座，桥台采用四氟滑板支座，其余桥墩采用板式支座。

（4）混凝土破损区域修复

对横隔板及 T 梁等部位的混凝土破损区域，用聚合物水泥进行修补。

8.5 加固效果分析

（1）加固后变形计算

① 上部结构变形

加固前，上部结构在恒载、活载（包括汽车冲击力）以及温度作用下呈现逆时针旋转趋势,兰州方向锐角向偏位-26mm,白银方向锐角向偏位 4.9mm;A 大桥墩柱加固后刚度增大,上部结构逆时针旋转趋势明显减弱,且大小桩号联端锐角处变形更加均衡,其中兰州方向锐角偏位-10.1mm,白银方向偏锐角偏位量为 10.0mm。

② 柱顶位移

A 大桥原墩柱柱顶最大位移为 31mm,加固后最大位移为 10.1mm。

(2) 桥墩承载力分析

经计算,桥墩最大轴力发生在 5-2 号墩,最大弯矩发生在 4-2 号墩,分别验算 5-2 号墩、4-2 号墩墩底截面承载力和抗裂性。

5-2 号墩墩底轴力为 6925.1kN,对应弯矩 $M_y=1112.6$kN·m,$M_z=914.1$kN·m。加固后,墩底竖向承载力为 18856.78kN,抗弯承载能力为 5347.16kN·m。

4-2 号墩墩底轴力为 6564.0kN,对应弯矩 $M_y=1437.7$kN·m,$M_z=944.8$kN·m。加固后,墩底竖向承载力为 18367.07kN,抗弯承载能力为 5447.95kN·m。

从验算结论可以看出,加固前后桥墩承载力均满足规范要求,加固后墩柱承载力均有较大改善。

(3) 桩基承载力分析

本桥加固后,桩顶竖向力进行了重分配,新老桩基轴向设计荷载及轴向受压容许承载力均有较大的改善,安全系数在 1.32~1.92 之间。

8.6　本章小结

本案例桥墩的倾斜变形主要由于斜桥爬移、堆土、地震等综合作用引起墩身、主梁位移超限,引起一系列的结构病害。遇到此类问题,要求前期从桥位处地形变迁、运营期的自然灾害、结构本身的特点作出综合研判,为结构有效加固提供基础。